湖南省社科基金委托项目
"共同富裕视域下湖南高质量发展的实现机制和路径研究"（22WTC32）
娄底市社科评审委重点课题（202307A）
益阳市社科课题（2023YS094）

宏观审慎框架下商业银行资产负债管理研究

刘凡璠◎著

湖南人民出版社·长沙

本作品中文简体版权由湖南人民出版社所有。
未经许可，不得翻印。

图书在版编目（CIP）数据

宏观审慎框架下商业银行资产负债管理研究 / 刘凡璠著. —长沙：湖南人民出版社，2023.8
ISBN 978-7-5561-3295-9

Ⅰ．①宏… Ⅱ．①刘… Ⅲ．①商业银行—资金管理—研究—中国 Ⅳ．①F832.33

中国国家版本馆CIP数据核字（2023）第145472号

HONGGUAN SHENSHEN KUANGJIA XIA SHANGYE YINHANG ZICHAN FUZHAI GUANLI YANJIU
宏观审慎框架下商业银行资产负债管理研究

著　　者	刘凡璠
责任编辑	曹伟明　石梦琦
责任校对	杨萍萍　蔡娟娟
封面设计	谢俊平　刘阁辉

出版发行	湖南人民出版社［http://www.hnppp.com］
地　　址	长沙市营盘东路3号
电　　话	0731-82683346
邮　　编	410005

印　　刷	长沙市井岗印刷厂
版　　次	2023年8月第1版
印　　次	2023年8月第1次印刷
开　　本	710 mm×1000 mm　1/16
印　　张	11
字　　数	180千字
书　　号	ISBN 978-7-5561-3295-9
定　　价	68.00元

营销电话：0731-82683348（如发现印装质量问题请与出版社调换）

摘　要

资产负债管理是商业银行实现安全性、流动性、盈利性三性平衡的重要管理方法。《巴塞尔协议Ⅲ》提出要加强宏观审慎管理，采用更为严格、透明的资本监管标准，引入流动性监管要求等一系列措施，以促进商业银行的稳健运行，这些监管变革必然会对商业银行的资产负债管理产生深刻影响。

国内商业银行资本管理办法实施以来，银行的风险控制能力和水平也发生了变化。本书一方面考察资本管理改革前后，银行业风险控制水平的变化，同时对商业银行风险控制水平的影响因素进行了分析，另一方面针对系统重要性银行附加资本要求，将商业银行分为系统重要性银行和非系统重要性银行两组进行对比分析，阐释资本监管与银行风险调整之间的关系。

在商业银行安全性管理方面，一方面通过构建经济资本充足率、贷款集中度指标，作为商业银行内部风险控制的依据，另一方面从利率市场化的角度对商业银行利率敏感性缺口进行分析，对比分析国有商业银行和股份制商业银行利率敏感性缺口管理能力。

在商业银行流动性管理方面，通过BS模型引入资产的市场价值对净稳定资金比例进行市场化修正，使其能反映资产的波动。进一步建立模型对潜在的影响净稳定资金比例的因素进行分析，确认了资本充足率、法定存款准备金率及货币供应量增长率等因素对商业银行净稳定资金比率的影响。

在商业银行盈利性管理方面，通过引入经济资本理念弥补传统资产负债管理指标体系存在的不足。通过建立算例，比较分析了风险调整后资本回报率与传统资本回报率，阐明前者相对后者具备的优势。

国内外环境正发生深刻复杂的变化，商业银行面临的风险挑战日益严峻，为更好适应宏观环境、政策导向、监管规定、经营模式等多方面的新形势，商业银行要持续完善资产负债管理体系，提升精细化资源配置能力，在服务实体经济发展中，实现银行价值可持续增长。

目 录

第1章 绪 论 … 001
第一节 背景 … 001
第二节 国内外研究动态 … 003
第三节 资产负债管理的基本思想 … 010

第2章 宏观审慎框架对资产负债管理的新要求 … 018
第一节 《巴塞尔协议Ⅲ》的主要内容 … 018
第二节 《巴塞尔协议Ⅲ》对资产负债管理的新要求 … 020
第三节 《巴塞尔协议Ⅲ》在中国的实践 … 026
第四节 商业银行资产负债管理存在的不足 … 027
第五节 商业银行资产负债管理指标体系存在的不足 … 030

第3章 宏观审慎资本约束对银行安全性的影响分析 … 049
第一节 实证分析框架 … 049
第二节 模型构建与变量选取 … 051
第三节 不同资本监管条件下商业银行风险调整分析 … 056
第四节 不同梯队商业银行风险调整的差异分析 … 062

第 4 章　宏观审慎框架下资产负债管理指标体系的完善 … 070

- 第一节　将经济资本引入资产负债管理指标体系的必要性分析………… 070
- 第二节　资产负债管理指标体系的改进思路……………………………… 084
- 第三节　流动性管理指标改进思路………………………………………… 086

第 5 章　经济资本视角下资产负债比例指标体系的调整 … 089

- 第一节　资产负债管理指标体系的改进…………………………………… 089
- 第二节　新增经济资本管理指标…………………………………………… 103

第 6 章　宏观审慎框架下商业银行流动性管理指标的改进 … 115

- 第一节　NSFR 的测算框架………………………………………………… 115
- 第二节　NSFR 的测算……………………………………………………… 117
- 第三节　商业银行流动性影响因素分析…………………………………… 122

第 7 章　利率市场化下商业银行敏感性缺口管理研究 …… 127

- 第一节　商业银行面临的利率风险………………………………………… 128
- 第二节　股份制商业银行利率敏感性缺口模型管理……………………… 134
- 第三节　国有商业银行的利率敏感性缺口管理研究……………………… 142

第 8 章　宏观审慎框架下资产负债管理的建议 …………… 149

参考文献……………………………………………………………… 160

第1章 绪 论

第一节 背景

随着我国金融市场化、国际化进程的加快,各金融机构间的竞争日益激烈,商业银行作为现代市场经济中的金融主体,其运行状况、经营效率及安全稳健性会在很大程度上影响一国金融市场稳定与宏观经济发展。《巴塞尔协议Ⅲ》对各国商业银行及监管者都提出了新的要求,整个银行业都在寻求新的经营与管理模式,以更好地适应后危机时代的要求。全方位提升商业银行竞争力已成为当务之急。

从理论的发展及实践的演变过程不难看出,商业银行资产负债管理是从早期单方面的资产管理和负债管理发展而来,之后演变到资产负债综合管理,最后发展成目前较为成熟的资产负债管理体系。"商业银行的经营有其特殊性,其时间差、空间差及资金变量的非连续性变化等原因使其无法应用一般工业企业最优化管理方法。"商业银行在自身的经营管理中需要实现流动性、安全性及盈利性的"三性平衡",这就要求商业银行资产负债具有科学合理的结构,这是银行内部达到"三性平衡"的充要条件。而资产负债管理为银行形成合理的资产负债结构提供了科学参考与有效渠道。由于资产负债管理是保持流动性、安全性、盈利性的重要工具之一,也是商业银行经营管理的核心之一,因此,完善资产负债管理是提高商业银行竞争力的重要保证。

放眼世界，20世纪80年代以来，金融创新层出不穷，伴随而来的是银行业与日俱增的风险，金融危机的爆发更是让人们越来越重视风险控制这把银行经营头上的利刃，一旦触碰越界，金融机构遭受的将是毁灭性的损失。而用以抵御银行风险缓冲损失的资本一直受到各国银行业的高度重视，从巴塞尔委员会2004年发布的《巴塞尔协议Ⅱ》到2010年提出的《巴塞尔协议Ⅲ》都能明显看出资本的充足水平对银行业经营的重要意义。我国2013年1月1日开始施行的《商业银行资本管理办法》也按照国际监管标准，凸显出了保持资本合理充足对我国商业银行的重要性。资本管理无疑是商业银行需要重点探讨的问题之一。

近年来，随着新的金融监管标准的施行，大家越来越意识到，全球加强金融监管实质上要求宏观审慎与微观审慎在银行日常的资产负债管理过程中实现有机的统一。微观审慎管理是《巴塞尔协议Ⅱ》的内容，其核心是在银行内部实行经济资本管理，而经济资本管理的好处使得其很快成为银行经营管理体系中的重要组成部分，并在各国主要银行中得到了广泛应用。各国大型银行均建立了经济资本管理系统来进行信贷管理与绩效评估。经济资本管理涵盖范围广泛，既包括风险资本的计量与控制、银行资本的战略规划和最优配置，还包括以股东价值创造为导向的业绩考核等多个方面，无论在银行整体层面，还是在业务线层面，对商业银行各项关键职能的履行都起到了至关重要的作用。

资产负债管理在一定程度上忽视了银行资本与风险、收益之间的内在联系，其指标体系也存在适用性不足，完整性不够等问题。而经济资本管理则同时关注了银行经营的盈利性与安全性，并且使银行可以根据既定的经济资本总量和经济资本回报要求，运用限额管理、组合管理以及风险调整的资本收益率目标管理等手段，将经济资本在各个分支机构和业务线等不同层面进行有效的配置。将经济资本理念融入资产负债管理势必能有效弥补管理上现存的问题，使商业银行能更好地在内部管理中开展管理，指导银行科学调整资产负债结构，最终实现价值创造。

将经济资本理念融入现代银行经营管理及风险控制已成为不可阻挡的趋势，也是巴塞尔协议与各国银行监管的现实要求。商业银行应不断探寻从资产负债管理深化过渡到以风险计量和资本优化配置为核心的经济资本管理的发展路径。资产负债管理不仅是商业银行内部的自律性管理，也是中央银行对商业银行的监控性管理。国家中央银行通过一系列指标和方法对商业银行的资产负债进行定量控制和定性监督，以此来进行有效的金融宏观调控，维护金融秩序和稳定，使商业银行在激烈的竞争中得以稳健经营，实现长远发展。在我国，中国人民银行、各国有银行以及其他股份制商业银行均高度重视资产负债管理，并在不断完善管理体系的过程中进行了一系列的探索和尝试。然而，就现阶段看，我国商业银行的资产负债管理的实施情况还不能令人完全满意。如何结合经济资本理念，进一步完善资产负债管理，提高我国银行经营及风险管理水平，有着重要的现实意义和理论价值。另一方面，次贷危机的爆发暴露出了经济资本管理的脆弱性，以及资本的逐利性可能导致的道德风险和逆向选择问题。如何利用改进资产负债管理实现宏观审慎管理和微观审慎管理的协调统一也是在现阶段我国商业银行的发展中不容忽视和至关重要的课题。

第二节　国内外研究动态

一、国外研究动态

西方商业银行的资产负债管理最初是从商业银行的自觉自律性管理向前发展、延伸的，是商业银行的一种微观行为约束机制。其早期的真实票据理论、转移理论、预期收入理论及20世纪60年代后的负债风险管理理论等都是商业银行在历史环境下对银行"风险—收益"组合的最优选择，是资产负债管理在具体环境中的应用。真实票据理论最早出现在18世纪的英格兰，第一次世界大战后才开始在美国流行起来。该理论仅仅将银行的流动性需求与存款的流失可能性挂钩，而对贷款增长所引起的流动性需求未论及。这一问题直至1950年才提出。转移理论由Anderson and Moulton（1918）等人提出。这一理论认为，银行资产流动性的高低，是由资产的可转让程度决定的，保持银行资产流动性的办法可以是持有那些易于在市场上随时变现的资产，特别是短期国库券。预期收入理论由Herbert（1949）首先提出。该理论认为，贷款本身并不需自动清偿，其清偿变现要依靠借款人将来的或预期的收入。负债管理理论兴起于20世纪60年代，其基本思想是，商业银行的流动性不仅可以通过加强资产管理获得，而且可以由负债管理提供。但该理论在一定程度上忽略了银行负债成本的提高与经营风险。

20世纪70年代后期资产负债全面管理理论开始形成并兴起。该理论强调从资产与负债的结合上来保证银行的安全性、流动性和盈利性，对银行的资产和负债进行全面管理，不可偏重一方。1972年，Bradlcy and Crane针对商业银行的资产管理问题，首次提出随机现金匹配的基本思想。Kusy and Ziemba（1986）针对商业银行资产负债管理问题，修正了Bradlcy and Crane模型，进而提出解决商业银行一般化的现金匹配问题的办法。Dunet Z and Mahoney（1988）提出如果同时考虑资产和负债持续期和凸度的匹配能够更有效地防范利率风险的结论。Taylor，Jeremy F.（1993）提出构建三维立体的商业银行资产负债管理体系。他们认为这样才能帮助银行高级管理层观察到银行资产负债各项目之间的紧密联系，而不是简单的关注资产负债期限结构。

在产权界定十分明晰的状态下，西方商业银行的出发点是微观基础，为了实现自身经营的"三性"原则，对资产负债管理孜孜以求，所以一直在不断改进、不断完善，使之成为一套科学的管理方法，目前也运用得较为成熟。

Giese和Guido（2003）认为新旧巴塞尔协议的产生来源于监管活动，而内部风险计量模型和经济资本的产生与发展则来源于银行间的竞争。Yuri Okina（2004）认为对于个体银行而言，保障资产安全和稳健运营最重要的因素是风险管理体系和资本充足水平。整个银行系统的稳定性又是建立在个体银行的安全稳健运营之上的。在经济资本计量方面，Chris Matten（2004）认为经济资本是投资者用于吸收银行风险或者购买未来收益的投资总额。经济资本的配置与绩效考核方面，Lewis（1996）用内部资金市场的方式考察资本配置，他证明了当存在于银行管理者与外部投资之间的代理问题导致信贷约束时，内部资金市场可以改变投资效率。Matten（2004）从三个角度讨论了资本配置，分别是司库的角度、监管资本角度、经济资本角度。Neal M. Stoughton和Josef Zechner（2003）分别从司库、监管者、管理者和投资者四个角度研究了资本配置的问题，他们研究资本在银行内部进行配置的核心工具就是RAROC和EVA。

随着理论的变迁，以及数学工具的引入和风险管理技术的进步，资产负债管理模型不断发展，定量思想和技术正逐步运用于实践之中，国外学者对资产负债管理的研究，侧重于对资产负债组合风险及收益的研究，更加强调实用性，形成资产负债结构优化的3类模型。

1. 缺口模型

缺口模型包括利率敏感性资金缺口模型和持续期缺口模型。国内外许多学者利用不同国家及时期的数据进行实证分析后认为，利率敏感性缺口模型对银行的利率风险管理有积极作用。Wetmore和Brick（1990），Sonlai和Hassan（1997），Madhu（2001），Anwer（2004）实证研究表明，缺口模型在规避利率风险方面能发挥一定的作用，是较好的资产负债管理工具。但是，也有学者对缺口模型持否定态度，主要是因为缺口模型过于简单，缺乏敏感性（Segerstrom，1990；Taylor，1991；Penza和Bansal，1999）。Madhu（2001），Fooladi和Gordon（2004）对持续期模型进行了系统地分析，认为这一模型可以较好地适用于商业银行资产负债管理。但Wolf（1999）、Acharya和Carpenter（2002）则认为，该模型收到期权违约风险和凸性影响较大，对利率变化不敏感，需要对模型进行修正。

2. 资产组合模型

基于现代资产组合的资产负债管理模型是根据Markowitz（1952）现代资产组合理论中的均值方差分析方法来开展研究的。Pyle（1971）运用资产组合理论构建了一个静态的商业银行资产负债行为模型，根据模型结论商业银行会选择一个资产负债水平，并在此期间保持这个水平。Hart和Jaffee（1974）把Pyle的分析延伸到包含任意多种资产负债的实际案例中，认为银行资产负债表上的业务决定方式与单一投资者的资产组合的决定方式是一致的。Koehn和Santomero（1980）、Kim和Santomero（1988）、Rochet（1992）将资产组合模型用来分析资本充足率要求对银行资产配置的影响。

也有学者对这种模型提出了质疑：一是尽管均值-方差分析是有用的，但Chopra（1993）、Chopra和Ziemba（1993）认为简单地运用均值-方差分析得出的结论有时不令人满意；二是该模型需要大量输入数据，比如估计资产负债每一个组成项目的概率分布，并且需要计算收益率的协方差矩阵及逆矩阵，计算过程复杂，需要的数据量较大，因此这种思路不能运用于像银行这样拥有庞大资产负债组合的金融机构（Kusy和Ziemba，1986）。

3. 最优规划模型

基于最优规划的资产负债管理模型是以应用为目标来开展研究的，模型通过整合银行的各种经营目标、外部的约束和内部经营偏好，针对不同情境进行决策优化。Kosmidou与Zopounidis（2004）将应用于银行资产负债管理的最优规划模型划分为确定型、随机型两种。

最早用确定型线性规划模型对资产负债管理模型进行研究的是Chambers和Charnes（1961），他们系统总结了资产负债管理数学模型的方向和结构，探索和归纳了资产负债管理线性规划模型的目标和约束条件体系，并建立了一个简单的模型，将银行的目标设定为净现值的最大化，约束条件为资本和流动性约束，使其更为符合银行的经营实际。诸多学者以这种单一目标最优规划模型开展实证研究（Fielitz和Loeffler，1979；Booth和Dash，1979；Eatman和Sealey，1979；Semmen，1995）。随着计算机技术的运用，更多学者扩展了银行经营目标和约束条件的范围，多目标线性规划模型成为主要研究办法。如何改善资产负债管理模型，以更好地反映银行的经营战略成为研究重点。

在随机型模型方面，Kusy和Ziemba（1986）构建了一个多期带有简单补偿的随机线性规划模型，据此来模拟银行业的资产负债管理问题，并用于温哥华储蓄信贷协会的年资金计划期，他们的模型也被视为商业银行资产负债管理模型的里程碑。Ziemba和Mulvey（1998）指出，资产负债管理随机模型主要有以下四类：多阶段决策规则、资本增长、随机规划和随机控制。

二、国内研究动态

我国商业银行对资产和负债的管理开始于1985年，这一年中国人民银行开始对信贷资金管理体制进行改革，实行"实存实贷"的信贷资金管理方法。1988年出现的挤兑风潮使我国银行业认识到了资产负债管理的重要性，随后商业银行资产负债管理理论和方法开始全面进入我国银行业。我国资产负债管理的实施最初是从宏观角度出发的，要求商业银行进行资产负债管理。1993年12月25日国务院在《关于金融体制改革的决定》中规定，从1994年起对商业银行实行资产负债管理。1994年中国人民银行公布的《关于对商业银行实行资产负债管理的通知》明确了资产负债管理指标体系的主要内容，明确规定了包括资本充足率、存贷款比例、备付金比例指标、资产流动性比例指标等九类商业银行资产负债比例与风险监管指标。1996年，中国人民银行又公布了《关于印发商业银行资产负债管理监控、监测指标和考核办法的通知》，对已规定的资产负债比例指标进行了修改。1998年1月1日，中央银行取消了对商业银行信贷规模的指令性限制，这标志着我国的商业银行资产负债管理进入了新的发展阶段。

在传统的资产负债管理工具方面，国内学者主要介绍传统的缺口、久期等模型。李辉、朱小乔（2004），赵自兵（2004），张永成（2006），李春红、董晓亮（2009）对中国商业银行利率敏感性资金缺口模型进行了实证分析。高峰（2002）介绍了持续期模型的原理和意义。迟国泰，张玉玲，王元斌（2011）通过构建银行净价值与全部资产负债组合持续期的函数关系来建立利率免疫条件，以解决资产增量组合与存量组合的总体风险控制问题。迟旭（1997）提出了商业银行资产负债结构分析和设计的思想，分析资产负债结构对商业银行经营的"三性"的影响，寻找合理的银行资产负债配置方案，从而建立资产负债结构优化模型。

在资产负债管理最优规划模型方面，程迎杰和秦成林（2000）构建了银行资产负债管理的随机规划模型，其目标为追求利润最大化，约束条件为预算约束和资产负债比率约束。庄新田、黄小原（2001）提出了资产负债管理随机规划模型，该模型包含了资产负债结构与信贷风险控制两个子模型。迟国泰等（2007）运用法律、法规、资产负债管理比率建立约束条件，建立了基于Monte Carlo模拟和VaR约束的银行资产负债管理优化模型，使贷款的分配满足行业监管和银行经营的实际要求。刘劲松（2009）以工商银行、中国银行和建设银行为例，建立了带有简单补偿的随机线性规划资产负债管理模型，研究结果表明该模型可以运用于银行的实际决策之中。彭建刚（2001）综合运用金融学、发展经济学及系统科学理论等学科知识，对商业银行资产负债管理进行了系统研究，创造性地提出了"熵"的概念。于春兰（2001）研究了线性规划法在银行资产负债管理中的运用。龙成会（2002）在分析商业银行资产、负债结构及其管理的基础上，运用随机现金匹配技术，结合我国对商业银行资产负债管理的法律约束，从动态的角度对商业银行的资产负债匹配问题进行了探讨。赵文杰（2002）从风险收益均衡出发，研究了在资产负债管理上如何将VaR与资产组合选择方法结合起来以及我国商业银行风险控制的组织结构等问题。

在资产负债管理优化决策模型方面，马志卫（2006）以贷款项目的财务内部收益率及其波动反映其收益和风险，建立组合收益最大、风险最小的贷款组合模型，求解模型得到贷款组合有效前沿曲线，满足银行特定风险偏好的最优贷款组合即有效前沿曲线与无差异曲线的交点，认为该方法直接应用组合收益和组合风险进行贷款组合优化，实现了收益和风险共同最优化，提高了决策分析精度。姜灵敏（2006）建立了综合考虑贷款收益和风险的贷款决策模型，认为该模型有利于银行通过量化计算进行科学决策，提高信贷质量，达到经营目标。石葛铭（1999）研究了银行仅面临信用风险、流动性风险和利率风险的情形下，如何引入一个效用函数，求解给定风险容忍度的银行利润最大化问题；闰冀楠（1999）研究了基于现行央行监管体系的现金流和敏感性匹配意义下银行最优资产负债结构；彭建刚（2000）从分析商业银行特殊经营规律入手，以商业银行自律性管理为重点，就我国商业银行资产负债管理的现实必然性、指标体系的优化设计、风险管理方法等进行了深入系统的研究。陈小宪（2004）从资本约束的角度，将监管资本看作来自监管机构的外部约束，将经济资本看作银行内部的约束。银行要以经济资本的内在约束替代监管资本的外部约束，实现科学管理。这是银行自身发展的内在要求。武剑（2004）提出经济资本并不是具有实体形态的银行资本，而是一个"计算出来的"数字，在数额上等于银行根据内部模型计算出来的非预期损失。他将《巴塞尔协议Ⅱ》提出的内部评级法看作经济资本计量、配置与调试的重要基础。葛兆强（2006）认为可以从性质上将银行面临的资本约束分为数量约束和质量约束两种，前者体现为银行业务规模扩张和业务结构优化时所受到的资本总量约束，后者表现为资本的投入必须要满足投资者对回报率的基本要求。陆晓明（2007）通过深入研究美国的银行经济资本管理体系，总结出两大内容：第一，应用VaR方法准确测度银行业务风险和估计银行的整体风险，从而计算出银行的整体经济资本水平；第二，在VaR方法的基础上，运用RAROC和EVA在风险与收益之间找到平衡，达到最优，据此进行具体业务、部门、条线之间的绩效评估和风险资本配置。彭建刚等（2007）从商业银行经济资本配置角度入手，将商业银行的盈利目标、风险控制目标及同业竞争性综合起来进行考虑，提出并论证了基于RAROC银行贷款定价的比较优势原理。

总体来看，商业银行资产负债的研究具有以下特点：一是与银行经营结合较为紧密，更多是侧重于实际应用；二是计量工具在资产负债管理中的运用范围越来越广，计量技术发展也丰富了该领域的研究；三是从不同角度对资产负债管理进行研究，对银行完善管理决策目标、改进管理工具、丰富管理内容具有重要意义。

第三节　资产负债管理的基本思想

一、资产负债管理的内涵

随着外部经营环境发生根本性变化，商业银行资产负债管理侧重点发生着深刻的变迁，从最开始没有资本约束，到资本约束逐步加强，从侧重于对利率风险的管理，转为关注流动风险，到现在转变为从整体上把握，在流动性管理、资本管理、利率管理、定价管理等方面寻求平衡。因此，对商业银行资产负债管理的定义也就出现狭义和广义的两个角度。

1. 狭义的定义

将资产负债管理看成是对流动性、盈利性、安全性中的一个方面侧重进行管理，比较突出的是从以下两个角度界定：一是从利率风险的角度，认为资产负债管理重点是对利率风险进行管理，通过保持净利差的稳定，确保盈利性。Woelfel（1994）认为资产负债管理是金融机构对所有的资产负债项目在数量、利率、期限等方面作出安排，以对利息净收入进行风险管理。Zenois和Ziemba（2006）则认为资产负债管理是监测、控制利率风险，主要内容包括对资产负债项目的期限、结构、数量、利率作出安排。二是从流动性风险的角度，认为资产负债管理重点是保证流动性安全。崔滨洲（2004）认为商业银行资产负债管理是以流动性为约束的资产负债管理，即是银行为了实现制定的经营目标，对资产负债组成项目进行规划，并通过运行中的控制和优化，对业务发展策略进行前瞻性选择的过程。

2. 广义的定义

将资产负债管理看成是一种全面管理工具，对各类业务、各类风险进行协调，以达到流动性、盈利性、安全性的统一。Sinkey（1992）认为资产负债管理是为了考虑不同利率、流动性和提前偿付等假设情况，而对资产负债表提供的一种协同管理，包括匹配需要重新定价的表内资产与负债、用表外方法规避表内风险、利用证券化剥离表内风险等多种方法。Gup和Brooks（1993）认为资产负债管理是在不同的管理目标、法律和市场约束等条件下，银行对所有资产负债头寸进行安排，以达到增加银行价值、提供流动性和防范利率风险的目的。孙兆斌（2008）认为资产负债管理是在追求流动性、安全性和盈利性目标平衡的基础上，按照既定策略对资金进行配置的一种全方位管理过程。于东智和胡庆（2010）认为商业银行资产负债管理是按照制定的经营目标，对资产负债表内和表外项目进行全面、动态的管理和调控，对资产负债组合实行具有前瞻性的规划、协调和控制，以较好地防范银行风险，达到银行价值最大化的目的。

无论是从狭义的角度出发，还是从广义的角度出发，商业银行资产负债管理本质上是商业银行重要的风险管理和战略财务规划工具。商业银行在业务经营过程中，对各类资产和负债进行预测、组织、调节和监督，以实现资产负债总量上平衡、结构上合理，从而达到最大盈利的目标。它是以内部资金转移定价体系和经济资本有偿分配为工具的,以利率、流动性、汇率等各类风险管理为核心的管理体系。从这个意义上来看,资产负债管理可以视作是一个复杂的管理与运行系统,具有以下特征:

一是资产负债管理是一种全方位的管理。既要对资金运用方进行控制,又要对资金来源方进行管理;既要考虑总量,又要考虑结构;既要保证收益与成本的对冲,又要保证期限的合理。因此,资产负债管理需要对资产负债项目所涉及的规模、利率、期限、币种等要素进行全面的协调。

二是资产负债管理是在一定约束条件下的管理。由于行业的特殊性,与普通企业相比,银行经营面临更多的约束,其中最重要的一个约束是监管约束,即银行在经营中需要受到诸多监管条件的制约,如最低资本充足率标准、流动性限制、机构及产品准入等。因此,资产负债管理是有限度的,不能突破约束条件。

三是资产负债管理与风险管理既有区别又有联系。银行经营中面临着许多风险,如《巴塞尔协议》中需要计提资本的信用、市场、操作等风险,除此之外还有流动性风险、策略风险、声誉风险、合规风险等,这些风险与资产负债管理相互关联又相互区别。这些风险构成了资产负债管理的一个前提——银行风险承担的程度,但同时资产负债管理并不等同于全面风险管理,不是针对上述所有风险的管理工具,只是针对流动性风险、银行账户利率风险,以及市场风险中汇率风险的管理。

二、资产负债管理的目标和内容

1. 资产负债管理的目标

Sinkey(2005)指出,资产负债管理的目标通常用净利息收入(净利差)(NII,Net Interest Income;NIM,Net Interest Margin)和净利息收入的波动最小或者银行股权的市场价值波动最小来表示。从战略规划的角度来看,资产负债管理的目标通常也可以设定为资产收益率,并使其波动最小。Sinkey的观点实际上说明了资产负债管理的目标可以分为短期和长期目标。

（1）短期目标应盯住净利息收入或净利差。净利息收入为利息收入扣除利息支出，净利差则是净利息收入与生息资产平均余额的比值。NII和NIM是会计指标。由于利息收入是银行利润的重要来源，因此从会计的角度来看，NII和NIM是银行资产负债管理的核心变量。资产负债管理的目标可以表达为：在NII和NIM的目标水平既定时，使NII和NIM的波动最小。换言之，在既定风险下，使NII和NIM最大化。这也被称之为资产负债管理中的会计模型。可以看出，会计模型更注重短期收入，且只考虑表内利息收入。

（2）长期目标应盯住净现值（NPV，Net Present Value）或市场价值（MV，Market Value）。这是属于价值范畴，也被称为资产负债管理的经济模型。经济模型认为，无论是银行资产负债的表内项目还是表外项目，其价值都是其未来现金流的贴现值，贴现率则反映了未来现金流风险。从资产负债管理的角度看，经济模型重点关注在整个银行存续期内，银行市场价值对利率的敏感性。由于经济模型所采用的时间跨度比会计模型要长，并且经济模型还考虑了表外业务，因此，经济模型更综合地反映了资产负债管理的目标，但是经济模型运用较难，需要预测的变量较多，没有会计模型运用广泛。

资产负债管理的短期目标和长期目标实际上是从两个不同角度衡量商业银行的经营绩效。两者应该是一致的，无论是会计模型还是经济模型，都能给资产负债管理提供重要的指导，两者的作用应被视为是相互补充的而不是相互替代的。

2. 资产负债管理的内容

随着经营环境的日趋复杂，商业银行资产负债管理的内容也经历了从简到繁的变化。普华永道曾于2009年在全球范围内选取了几家处于国际领先地位的金融机构，以问卷调查的方式对这些机构的资产负债管理实践进行了调查，调查表明银行的资产负债管理从最初侧重于对流动性和利率风险的管理，逐步扩展到整体资产负债结构安排、资本管理、投资组合管理等方面。

具体来讲，目前大多数银行资产负债管理的内容主要包括以下方面。

（1）资产负债总量和结构安排。在预期银行经营环境的基础上，考虑约束条件和经营目标，对资产负债的主要项目进行前瞻性安排，制定经营预算，确定一定时期银行经营的方向，以实现平稳运行。

（2）资本管理。资本充足率的监管对银行提出了资本约束的要求，资本成为银行合理安排资产负债项目的基本前提条件。资本实力直接决定了资产负债的总量，影响着资产负债结构，甚至影响银行的经营战略。资本管理主要是合理安排资本规模与占用结构，对外满足监管达标要求，对内提高资本使用效率，主要包括资本规划、资本补充、资本分配等方面，其中，经济资本管理是银行资本管理中资产最常用的管理工具之一。

（3）流动性管理。流动性管理一直以来就是资产负债管理的重要内容。特别是本轮金融危机发生后，流动性管理更是成为银行业和监管者最关注的重点领域之一。巴塞尔委员会在2008年出台的《稳健的流动性风险管理和监管原则》中，提出的流动性风险管理框架应包括：建立流动性风险承受度，将流动性成本、收益和风险配置到所有重要业务活动，流动性压力测试，高效可操作的应急资金计划，每日流动性风险和抵押品的管理。

（4）定价管理。随着银行产品的不断丰富、金融市场的日益成熟和利率市场化改革的逐步深入，银行账户利率风险成为商业银行稳健经营所面临的重要实质性风险。而定价管理则是银行账户利率风险管理最重要的手段之一，包括对外定价和对内定价两个部分。对外定价主要是指根据市场和客户情况，银行对存、贷款等业务制定的价格水平。对内定价主要是内部资金转移定价，指商业银行内部资金中心按照一定规则和价格与业务单位进行全额的资金转移，从而达到核算资金成本和资金价值，将财务会计的账面收入在内部单元进行二次分配，并通过相应的激励约束机制引导全行的资源配置趋于最优。内部资金转移定价已经成为现代商业银行最常用的基础管理工具之一，能发挥公平绩效考核、分离利率风险、优化资源配置和指导产品定价四大功能。

以上4个方面的管理内容虽各有侧重,但又联系紧密、相互影响,是保证安全性、盈利性、流动性平衡不可或缺的环节。资本管理是基础,资本数量决定了资产负债的总量和结构;流动性管理和定价管理则是资产负债总量和结构安排在流动性和盈利性方面的延伸。

我国银行业对资产负债管理进行了长时期的探索。20世纪80年代末至90年代初,由于经济体制的巨大差异,再加上也不具备其他相关条件,我国无法像西方国家一样实行全面的资产负债管理,只能采取分步走策略,采用比例加限额相结合的办法,对银行实行综合管理。随着经济与金融体制改革的不断深化,增强商业银行自我约束与长期发展能力,更好地配合中央银行宏观调控以及维护银行业乃至整个金融行业的稳定健康发展已成为现实要求。国有商业银行在20世纪90年代后开始普遍试行资产负债管理。为保证这一制度的贯彻实施,中国人民银行于1994年2月发布了《关于对商业银行实行资产负债比例管理的通知》和《商业银行资产负债比例管理暂行监控指标》,并于1996年进行了修订,人民银行为防范经营风险,引导商业银行正常运作,对商业银行从总量管理、流动性管理、安全性管理、效益性管理等四个方面规定了最低或最高限度。之后,我国各国有商业银行纷纷开始正式实施资产负债管理,各大银行根据各自的情况分别设计了本行的资产负债管理具体指标。

根据中国农业银行关于印发《中国农业银行资产负债比例管理办法》的通知,中国工商银行关于印发《中国工商银行资产负债比例管理办法(试行)》的通知,中国人民建设银行关于印发《中国人民建设银行资产负债比例管理暂行实施办法》以及中国银行关于印发《中国银行资产负债比例管理内部约束办法》的通知,显而易见,四大商业银行资产负债管理的指标体系主要分为监控指标与监测指标两大类,对于监控类指标,各商业银行必须严格按照人民银行的要求执行,而对于监测类指标,人民银行没有明确规定限度，只是作为反映商业银行运行效率与管理水平的参考指标。具体整理得到以下一般采用的重要指标，并加以简单介绍。

监控类指标主要包括：

（1）资本充足率：指资本总额与风险加权资产总额的比例。（包括核心资本充足率）。

（2）存贷款比例：指各项贷款与各项存款之比。具体有余额存贷款比例，即各项贷款余额与各项存款余额之比；或新增存贷比例，即各项贷款平均增加额（一般不包括委托、代理业务的贷款）与各项存款平均增加额（一般不包括财政性存款）之比。该比例全行控制在75%以内。各分行的具体比例由总行分别核定下达。

（3）中长期贷款比例：全行一年期以上（含一年期）的中长期贷款与一年期以上的存款之比不得超过120%。

（4）资产流动性比例：流动性资产和各项流动性负债的比例不得低于25%。其中，流动性资产指一个月内（含一个月）可变现的资产。包括库存现金、在人民银行存款、存放同业款、国库券、一个月内到期的同业净拆出款、一个月内到期的贷款、一个月内到期的银行承兑汇票和其他经中国人民银行核准的证券等。流动性负债指一个月内（含一个月）到期的存款和同业净拆入款等。

（5）贷款集中度指标：对同一借款客户的贷款余额与银行资本余额的比例不得超过10%；对最大十家客户发放的贷款总额与银行资本总额的比例不得超过50%。

（6）拆入（出）资金比例：指拆入资金余额与各项存款余额之比不得超过4%；拆出资金余额与各项存款余额之比不得超过8%。

监测类指标主要有：

（7）贷款质量指标：各类贷款余额与各项贷款总余额之比。贷款分为正常、关注、次级、可疑、损失。其中还包括不良贷款率，即不良贷款占贷款总余额的比。

（8）资产利润比例：指报告期利润总额与同期信贷资产总额之比。一般大于1%。

（9）资本回报比例：指报告期利润总额与资本余额之比，一般大于10%。

（10）风险加权资产比例：风险加权资产总额与资产总额的比例。一般不超过60%。

其中，一些指标是以总行一级法人为单位进行统一考核，如资本充足率、贷款集中度指标、资本利润率等指标。

目前我国商业银行实行的资产负债管理主要是通过指标体系来运作，是存在自身局限性的量化管理方法。商业银行必须在实践中不断摸索提高资产负债管理的运作能力的科学途径，将管理与经济资本管理、缺口管理、利差管理等有机结合，最终达到建立全面规范的商业银行资产负债管理体系的目的。

第2章　宏观审慎框架对资产负债管理的新要求

第一节　《巴塞尔协议Ⅲ》的主要内容

巴塞尔委员会对金融危机中银行资本监管暴露出的问题进行了总结，于2009年7月开始发布一系列修订文件，并于2010年12月16日，正式定稿发布了《巴塞尔Ⅲ：更稳健的银行和银行体系全球监管框架》和《巴塞尔Ⅲ：流动性风险计量、标准和监管的国际框架》，这被称为《巴塞尔协议Ⅲ》。《巴塞尔协议Ⅲ》延续了《巴塞尔协议Ⅱ》的主体框架，修改主要体现在以下方面：

1. 严格了资本定义，提高资本质量

新方法中增加了核心一级资本，取消了原来的三级资本，同时对核心一级资本、其他一级资本和二级资本的定义更加严格，并规定相应的资本充足率不得低于4.5%、6%和8%

2. 对信用风险和市场风险的具体计量提出新的要求

信用风险计量主要增加交易对手风险的资本要求和银行账户再证券化的风险权重。市场风险的修订较多，主要包括对交易账户中增强信用风险资本的要求、对交易账户中证券化资产的风险暴露以及市场风险标准法下股权风险暴露。

3. 对第二支柱的修订，主要表现为加强宏观审慎监管

一是监管覆盖面扩大。从机构看，除传统银行以外，还要分析结构性投

资工具和衍生产品等影子银行体系对银行的影响；从风险范围看，提高了对流动性监管的重要性，并将声誉风险和信息科技风险纳入考虑范围。二是引入对激励机制的监管。要求薪酬决策考虑风险管理，实现薪酬发放、风险度量和风险结果在目标上的一致。

4. 完善第三支柱信息披露要求

突出银行对市场参与者的信息披露责任：一是要求一级资本的所有构成都完全对外披露；二是定期公开披露流动性的风险状况和管理方面的定性和定量信息；三是对证券化、表外风险暴露和交易账户下的信息披露更加严格；三是对银行的薪酬和激励机制也要及时披露。

5. 引入杠杆率监管

杠杆率的计算分子为核心一级资本，分母为表内外不进行加权的资产，标准值设定为3%。

6. 提出逆周期资本监管

共包括四个层次：第一层次是改善第一支柱，即资本计算中的亲周期性，包括使用长期数据估计违约率、引入衰退期的违约损失率、以及适当的校准风险函数，将损失估计转换为监管资本要求以及压力测试等；第二层次是前瞻性拨备；第三层次是建立留存资本缓冲机制，规定留存资本缓冲要求为2.5%，分别加在三个资本充足率之上；第四层次是建立应对信贷过快增长的逆周期资本缓冲，初步标准确定为0—2.5%。

7. 加强对系统重要性银行的监管，提出特殊的资本监管要求

制定了系统重要性机构五个方面的标准：全球活跃性、规模、关联性、可替代性和复杂性。

8. 将资本与流动性紧密结合

提出了两个新的流动性监管指标：流动性覆盖率（LCR），反映银行短期应对流动性的能力；净稳定融资比例（NSFR）反映长期流动性错配情况。

第二节 《巴塞尔协议Ⅲ》对资产负债管理的新要求

虽然前两版巴塞尔协议存在较大区别，但有一个共同点就是对银行资产负债表资产方风险的重视，如信用风险、市场风险，区别只是在于对风险资本采取不同的计量方式，以提高监管资本对风险的敏感度。但随着外部环境的变化，信用、市场、操作大传统风险并不能全面反映银行的整体风险状况，甚至低估了银行的风险程度。因此，在进一步强化对资产方风险重视的基础上，《巴塞尔协议Ⅲ》将对银行风险的关注点由资产方扩大到资产和负债两个方面。

1. 扩大风险管理的范围：强调资产负债管理在全面风险管理的重要地位

实践证明，部分风险在特定的环境下对银行稳健运行极端重要，比如流动性风险、衍生产品风险等。因此，巴塞尔委员会发布了《对新资本协议的补充文件》，提出对集中度风险、表外风险等资本管理要求，更进一步强调资产负债管理在全面风险管理框架中的重要性。

一是资产负债的集中度风险。集中度风险是指由于风险因素集中（如同一借款人或交易对手、地域、行业或其他风险因素），可能会对银行带来重大损失或造成银行风险组合的实质性变化。《巴塞尔协议》规定：银行应建立有效的内部政策、系统和控制体系，以及时地识别、计量、监测、管理、控制和缓释集中度风险；不仅应考虑正常的市场情况，而且还要考虑在压力情景市场环境、经济衰退和普遍性市场流动性缺失情况下集中度风险的积聚；应适当采用总额或净额比较、名义金额等多种方式对集中度风险进行度量，设定集中度风险限额；银行内部资本充足评估程序中和第二支柱评估中都应当包含针对集中度风险设定资本水平的内容。

二是表外风险暴露和证券化风险。由于资产证券化引致的风险范围很广，在第一支柱下计算的最低资本要求通常是不足的，因此要求银行全面理解证券化交易结构，识别各种触发因素，并将其纳入自身的融资管理、信用管理和资产负债管理中，估计这些因素对流动性和资本状况的影响，在内部资本充足性评估程序中对资产证券化所引致的所有风险计提资本。

三是流动性风险。《巴塞尔协议》要求银行应当能够全面识别、计量和控制流动性风险；具备预测特定时期内资产、负债和表外项目现金流的能力，并确保资金来源和期限的多元性；将流动性成本、收益和风险定价纳入重要业务活动的内部定价、业绩考核和新产品审批程序中；定期开展压力测试或进行情景分析，量化未来面对流动性压力可能产生的风险暴露，分析其对银行现金流、流动性头寸、盈利性和支付能力可能造成的影响。

2. 引入杠杆率监管：限制资产规模

高杠杆是商业银行信贷中介功能在财务结构上的具体表现，也是商业银行体系脆弱性的源头之一。近年来，随着风险加权方法越来越关注商业银行资产组合的结构性风险，银行风险的另一个源头——规模因子却逐渐被忽略，导致资本充足率与杠杆率之间背离的程度不断扩大。同时，在危机最为严重的时期，银行业被迫降低杠杆率，加大了资产价格下跌的压力，进一步加剧了银行资本下降与信贷供给能力收缩之间的正反馈循环。因此，巴塞尔协议引入了剔除风险因素的杠杆率监管指标，并将其纳入第一支柱。杠杆率计算公式如下：

$$杠杆率 = \frac{一级资本}{表内资产 + 表外资产}$$

杠杆率指标的目的主要是控制银行体系杠杆率的积累，防止风险在银行体系的过度集中，以缓解去杠杆化过程中，对实体经济和金融体系带来的过大冲击及严重的负面影响。同时，杠杆率的计算公式简单、明了，不需要进行过多调整和设计复杂的计量模型,作为资本充足率的补充,为防止模型风险和计量错误提供额外保护。杠杆率的计算有两个特点:一是最大限度地反映银行的杠杆效应,资本采取最严格的口径,资产(包含表内外资产)采用最大口径;二是与会计方法保持一致,尽可能不进行风险调整,这需要考虑不同经济体系会计规则的差异。

杠杆率对银行资产方的影响显而易见,一是限制银行资产的扩张,不仅包括表内资产,还包括表外资产,校正资本充足率与杠杆率较大幅度的背离的现象,这是杠杆率指标最直接的影响。二是高风险资产对低风险资产的替代。杠杆率没有考虑风险因素,仅考虑规模的绝对大小。如果银行的资本足够充足,由于高风险资产的资本成本小于低风险资产,杠杆率会负面的激励商业银行在现有的规模下,不断地以高风险资产替代低风险资产的途径来提高资本回报率。

3. 提出新的流动性监管指标:更加关注资产负债的匹配

在2007年金融危机爆发的早期,资产市场活跃,融资便捷,成本低廉,但市场形势急剧逆转导致流动性迅速枯竭,银行系统遭受严重冲击。虽然此时许多银行资本水平充足,但仍因流动性管理不善而陷入困境,这再一次证明,流动性对金融市场和银行业稳健运行的极端重要性。也说明,过去整个经济金融环境发生了重要变化,而金融机构的流动性管理没有跟上步伐,流动性管理理念、机制、方式不能适应形势变化的要求,对应急融资、资产流动性的评估过于乐观,直接导致危机中流动性应对不足。因此,巴塞尔委员会在巴塞尔协议中引入流动性监管的内容,强化以流动性监管为内容的改革措施,通过建立国际一致的流动性监管标准,要求银行更加重视并改进流动性管理。加强流动性监管,并将其提升到与资本监管同等重要的地位,被视为巴塞尔协议的一个重要监管进展(巴曙松,2011)。

第一,两个定量监管指标。《巴塞尔协议》制定了两个相互独立但又互为补充的监管指标:流动性覆盖率和净稳定资金比例。

一是流动性覆盖率。该指标的目的是通过确保银行持有充足的优质流动性资产来应对未来30日内重大压力的冲击，以提高其抵御短期流动性风险的能力。其计算公式为：

$$流动性覆盖率 = \frac{优质流动性资产储备}{未来30日现金净流出量} \geq 100\%$$

其中，优质流动性资产是指在无损失或损失极小的情况下可以轻易、快速变现的资产。具有低信用风险和市场风险、易定价且价值平稳、与高风险资产的低相关性、在广泛认可的发达交易市场挂牌等基本特征。包括两个层次：第一个层次是一级资产，可以无限制地纳入优质流动性资产储备，主要有现金、准备金及主权实体、中央银行、公共实体部门和多边开发银行发行的合格可交易证券等；第二个层次是二级资产，都应在当前市场价值上进行至少15%的扣减，扣减后可以纳入优质流动性资产储备的二级资产不能超过整体储备的40%，主要有主权实体、中央银行、公共实体部门符合风险权重为20%的资产，评级为AA-或以上的合格公司债券或担保债券等。

净现金流出是指在制定的压力情景下，未来30日内的预期现金流出总量减去预期现金流入总量，且可计入的预期现金流入总量最多不超过预期现金流出总量的75%。如果一项资产已经被纳入优质流动性资产储备（分子）中，则在计算现金流入量时就不能再考虑该项资产。如果一项科目有可能被计入多个现金流出类别，则应按最大的现金流出量计算。现金流出主要按零售存款、无担保的批发融资、担保融资、其他要求等4项分别计算，给予相应的流失比例。现金流入是在压力情景下20天内，那些运营正常、没有任何逾期理由的现金流入，主要包括逆回购和证券借入、信用额度、来自交易对手的其他现金流入。

二是净稳定资金比例。该指标是根据银行在一个年度资产和业务的流动性特征设定可接受的最低稳定资金量，作为流动性覆盖率的补充。计算公式为：

$$净稳定资金比例 = \frac{可用的稳定资金}{所需的稳定资金} \geq 100\%$$

稳定资金是指在持续压力情景下，1年内都能保证为稳定资金来源的权益性和负债类资金。可用稳定资金主要有资本、期限大于等于1年的优先股、有效期限大于等于1年的债务等，所需的稳定资金主要包括可立即满足债务支付需求的现金、余期不足1年且无变现障碍的短期无担保工具和交易等。该指标旨在降低银行对短期批发性融资的依赖，特别是在市场流动性宽松、资金供应充足的情况下，防止银行将批发融资作为其资金的主要来源，而加大系统性风险，鼓励银行充分评估资金来源对表内外资产的支撑情况。

第二，五个监测工具。除了上述的两个定量监管指标外，巴塞尔委员会还引入了与之匹配的监测指标体系，反映与银行现金流、资产负债结构、可用的无变现障碍抵押资产和某些市场指标相关的特定信息。

一是合同期限错配。是指一定时间段内合同约定资金流入和流出之间的缺口。假定所有现金流出都在约定的最早时间发生，则这些到期日缺口就显示了银行在特定时间跨度内需要补充的流动性总量。监管部门确定一系列数据的时间段要求，以便了解银行的现金流状况，包括隔夜、7天、14天、1个月、2个月、3个月、6个月和9个月、1年、3年、5年及超过5年。

二是融资集中度。该指标用于识别比较重要的批发融资来源，主要包括3个层面：重要交易对手吸收的负债资金、单个重要产品或工具吸收的负债资金、以重要货币计价的资产和负债清单。重要性的主要依据是单一交易对手、金融工具提供的负债资金超过银行资产负债总量的1%，而重要货币是以该货币计价的负债占银行负债总额的5%及以上。通过该指标以鼓励融资来源的多元化。

三是可用的无变现障碍资产。是指可在二级市场进行抵押融资或可被中央银行接受进行经常性便利融资的、可用的无变现障碍资产。该指标提供了与银行可用的无变现障碍资产的数量和关键特征等有关的信息，包括资产的计价货币和存放地。这些资产可以用作抵押品到二级市场筹集额外的担保资金，因此，它们可能是银行潜在的额外流动性来源。

四是以重要货币计价的流动性覆盖率。该指标是反映在压力情景下出现的潜在货币错配问题。

五是与市场有关的监测工具。运用以市场为基础的数据作为对上述定量方法的有价值的补充。包括市场整体的信息、金融行业的信息、特定银行的信息。

综上所述，流动性覆盖率和净稳定资金比例虽然仍关注资产负债项目的期限匹配，但又提出了不同以往的流动性监测思路。更加关注压力情景下短期流动性的支撑情况，压缩了银行在短期负债和长期资产之间的套利空间，这更符合流动性危机下银行所面临的外部环境，也更准确地反映了银行流动性的实质状况。这两个指标会对银行产生重要影响：银行负债结构的调整，将推动商业银行吸收更多长期稳定资金，扭转银行体系对短期批发性融资来源过度依赖的趋势；影响银行的资产配置，由于长期贷款的周期性风险需要一定的资本来应对，这在一定程度上会改变银行的资产、资本结构，同时遏制银行自营的交易规模以及表外资产的发展；提高银行资金构成转换的成本，据IMF估计，银行业在接下来几年有大量的负债需要转换，这种趋势可能使得银行业的借款成本上升。总体来看，商业银行为了达到新的监管要求，必须调整资产负债结构，增持高质量、流动性较强的优质资产，降低风险较高、流动性较差的资产规模，保持负债与资产的期限匹配，短期内势必带来银行的利润降低，这也反映了盈利性与安全性、流动性之间的矛盾。但从长期来看，为银行盈利的可持续提供了流动性保障。

第三节 《巴塞尔协议Ⅲ》在中国的实践

为落实《巴塞尔协议Ⅲ》的要求，2012年6月，银监会发布了《商业银行资本管理办法（试行）》（以下简称《资本办法》），对原有的资本监管规定进行全面的完善与整合，构建了与《巴塞尔协议Ⅲ》相接轨的资本监管框架，核心变化主要体现在以下几个方面：

1. 提高资本充足率监管要求

将资本充足率监管要求分为最低资本、储备资本和逆周资本、系统重要性银行附加资本、第二支柱资本四个层次，在正常情况下，国内系统重要性银行资本充足率不得低于11.5%，其他银行资本充足率不得低于10.5%。此外，制定杠杆率监管标准，要求不得低于4%。

2. 严格资本构成

主要是提高了二级资本的门槛，一是债务工具合格标准更严格。要求有赎回激励条款的资本债券需从二级资本中剔除。2012年之前国内商业银行发行的次级债、混合资本债券基本都含激励条款，按规定均不应计入二级资本。二是规定可计入二级资本的贷款损失准备上限。

3. 普遍提高了权重法下资产的信用风险权重

主要变化：一是将银行同业债权权重提高。3个月以内和以上银行债权分别由0、20%提高至20%、25%。二是取消对中央政府投资公用企业50%的优惠权重，全部视同一般企业处理，即按100%计算权重。三是符合标准的微小企业债权由现行的100%降至75%。四是除个人住房抵押贷款以外的个人其他债权权重由现行的100%降至75%。五是对公共部门实体债权的风险权重由0提升至20%。六是对原始期限未超过1年的贷款承诺信用转换系数由0调升至20%。七是对工商企业股权（被动持有、政策性原因持有除外）由100%

调升至1250%。八是将符合标准的信用卡授信额度的转换系数由50%下调至20%。

4. 允许有条件的银行采用资本计量高级方法计提监管资本，高级方法包括信用风险的初级和高级内部评级法、市场风险的内部模型法和操作风险的高级计量法

《资本办法》的实施，使得国内银行业资本达标难度增加，资本补充压力加大，势必推动商业银行加大资产负债结构的调整力度，改善数据和风险管理系统，改进风险计量技术，提高风险计量的科学化和精细化水平，走资本节约发展之路。

第四节　商业银行资产负债管理存在的不足

目前资产负债业务仍是中国商业银行赖以生存的业务主体和收入来源。总体来讲，随着经营理念的转变、新管理工具的引入，中国商业银行资产管理水平近年来持续提高，资产负债结构随着外部环境的改变不断优化。但是，在巴塞尔协议实施、利率市场化加快推进、监管要求加强、宏观经济复杂多变等新形势下，中国商业银行的资产负债结构安排仍具有一定的被动性、不太合理，资产负债管理仍存在着一些不足，制约着银行的平稳运行。主要表现在以下几个方面。

1. 资产负债管理目标的协调难度较大

一是国内的商业银行还普遍重视利润总量增长，再加上外部经济环境长期以来较为平稳，虽然有所波动，但没有出现严重下滑。因此，商业银行对流动性、安全性的重视程度往往不够，甚至出现以牺牲流动性为代价片面追求盈利的经营行为。历次金融危机一再证明，不能为了利润而盲目追求高风险，必须将风险保持在可控范围之内，才能实现平稳发展。银行对高收益业

务追求与高风险承担之间的矛盾表现在，在宏观经济趋好的环境中，风险可能被掩盖，高收益的业务不一定爆发高风险，短期盈利与三性平衡表面上会趋于一致，但经济形势一旦下行，高风险业务会加剧银行损失。

二是在当前业务结构与盈利结构短期内难以迅速调整的情况下，由于发展的惯性，使得规模扩张与资本约束之间的矛盾日益突出。规模扩张对资本补充形成倒逼机制，使得不少银行在资本补充方面仍然存在对外部融资的依赖，资本规模对资产扩张的约束机制未能充分发挥。

三是资产负债结构与银行的发展战略、客户结构、业务结构有密切关系，结构调整是长期的过程，在调整过程中可能与长期目标发生偏离。

四是目前企业融资对银行的依赖度还较高，直接融资规模还偏低，政府、社会、客户和股东等多方利益对银行资产负债管理也存在较大影响。

2. 资产负债管理的被动性短期内难以改变

一是在目前政策背景下，商业银行资产负债管理的习惯性思维仍普遍存在，主动性不高。合理资产负债管理策略需要较好地把握政策走势，并进行预判，适时对银行的业务结构、客户结构进行调整，达到合理调整资产负债结构的目的。在所有政策中，央行的货币政策对银行经营影响最为直接，它直接决定了商业银行的资金总量（由M2控制）、贷款额度（由差别存款准备金控制）和利率价格（由存贷款基准利率控制），然而这些因素又是银行资产负债结构安排最重要的前提条件。因此在这些前提条件已经既定的情况下，银行主动开展资产负债管理的作用并不明显、需要考虑的问题并不多，导致积极性不高。

二是在国家宏观调控环节中，商业银行承担重要角色，导致资产负债管理具有被动性。商业银行在中国经济运行中具有举足轻重的地位，是宏观调控中的重要一环。比如，为应对金融危机的冲击，2008年四季度以来开始实行积极的财政政策和适度宽松的货币政策，要求银行加大信贷投放力度，并将其作为政治任务。在这一政策刺激下，2009年全年信贷投放接近10万亿元，远超预期，并且大量贷款投向与地方政府融资平台。这直接导致银行资产快速扩张，且由于大量集中于中长期基础设施，资产期限明显拉长。这种资产负债结构被动式调整，不仅违背了银行最初的资产负债管理目标，也给未来的调整加大了难度。

三是资产负债主动管理工具的缺乏。以负债业务为例，目前国内银行业存款占比在75%左右，虽然以居民储蓄和企业存款为主的负债，稳定性好、成本较低，给银行的流动性管理和盈利能力提升带来了有利条件，但存款具有一定被动性，主动负债来源工具的缺乏对资产负债管理也带来被动性。

3. 资产负债结构单一，对利率市场化风险的承受能力不足

利率市场化进程加快，给银行带来一个重要影响就是风险属性的变化。在存贷款占比高、且利率受管制的环境中，信用风险是银行面临的最主要的风险，信用风险、市场风险、操作风险等主要风险之间的相互影响并不明显。但随着利率市场化的加快和金融脱媒趋势的深化，存贷款面临的利率风险会明显放大，银行账户利率风险将成为商业银行最重要的风险因素之一，信用风险整体的重要性会逐步降低，并且两种风险的关联性会明显增强，出现相互交织的情景。单一的资产负债结构，降低了银行对利率风险和金融脱媒化风险的承受能力，主要表现为资金运用范围有限，贷款占比较高，资金交易类占比低且收益偏低，资产主动调整余地有限。这种单一的结构直接加快了贷款业务的扩张，进一步增加了收益的脆弱性。

4. 资产负债风险管理的对冲手段有限

目前国内金融市场存在发展程度不高、产品品种有限、流动性较低等问题，加之严格的分业监管，商业银行非信贷业务拓展空间受限，对资产负债表内风险的对冲手段不多。比如，从债券市场结构来看，政府债券占比约32%，金融债占比约35%，企业债和公司债占约9%。政府债券和金融债占据绝对主导地位，债券投资的范围有限、收益较低，投资对贷款的替代作用有限。

5. 现阶段资产负债管理的方式、工具还有差距

一是资产负债管理大多是建立在历史数据基础上的，开展的静态时点管理，无法体现动态的、前瞻性的管理要求，缺乏科学的定量分析。如资产负债的总量、结构、期限等应如何安排才能实现一定风险条件下的收益最大化，临界点为多少，外部环境变化对风险收益均衡的影响如何，这些问题定性研究多、定量研究不足。二是数据、信息系统对资产负债管理的支撑性还不足。由于资产管理技术的复杂性和综合性，加之资产负债管理理念和方法的创新方兴未艾，大多数银行还缺乏完善的信息技术平台，信息管理系统功能不够健全，时效性、准确性还较差。

第五节　商业银行资产负债管理指标体系存在的不足

商业银行现行的资产负债比例指标体系主要是参照监管要求，根据自身业务的实际情况来设计，影响资产负债比例的重要因素在指标体系设计中予以了考虑，一些数量较少、金额较小的业务，因其对资产负债结构影响不大，在指标体系设计中不予考虑，但是对于一些有重要影响的业务，设计了相应的指标比例，旨在全面分析考核这些业务开展情况。下面对商业银行资产负债管理实行的整体情况进行分析，本节搜集了我国具有代表性的四大国有大型商业银行2010年至2012年三年的各指标数据，在对数据分三大类别进行简要分析的基础上，发现了现有资产负债比例指标体系存在的不足之处。

一、三大类比例指标的实施情况

1. 安全性指标

商业银行的安全性要求银行要避免经营风险，保证资金的安全。用资本充足率、核心资本充足率、不良资产率以及拨备覆盖率来反应银行自有资本抵御经营风险的能力以及银行贷款质量（如图2.1、图2.2、图2.3、图2.4

所示）。

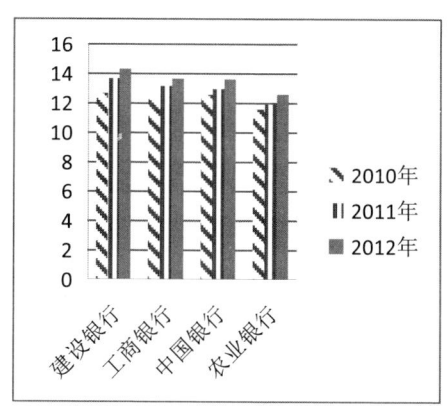

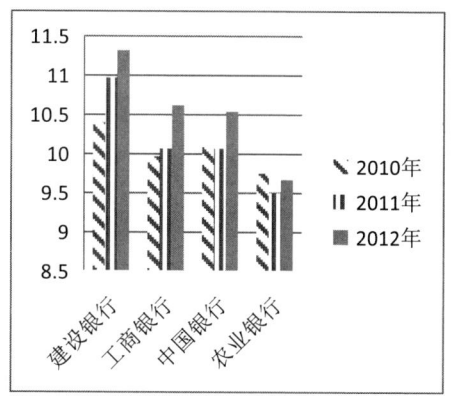

图2.1 四大行2010—2012年资本充足率

图2.2 四大行2010—2012年核心资本充足率

　　如图所示，四大商业银行的资本充足率和核心资本充足率基本上呈上升态势。商业银行实施了零售和非零售内评法、市场风险的内部模型法、操作风险高级计量法，同时，资本管理与信贷投向相结合，加强经济资本在内部的应用，积极开展资本节约型业务，以内源性资本补充为主，积极探索新型外部资本补充渠道，促使资本充足率稳步上升。以工行为例，如果将2011年中期至2012年中期作为一个年度经营来判断，其资本充足率同比去年同期从12.33%上升至13.56%，核心资本充足率从9.82%上升至10.38%。资本充足率上升较快的一个很重要原因在于，公司在2011年12月发行500亿元次级债来补充资本。建行则将自身资本充足率水平上升的原因归结为：利润增长驱动核心资本增速快于风险加权资产增长；拟议的分红派息率比上年有所下降，利润留存增加；完成了400亿元次级债的发行，充实了资本基础；加强了业务结构优化调整和表外业务管理，节约资本占用。农行的核心资本充足率偏低，其可通过内生利润留存，调整业务结构，减少资本占用多的业务等方式，来优化自身的资产结构，提高资本充足率。2011年，农行着力发展中间业务和金融市场业务等低资本消耗业务，收入结构持续优化，资金使用效率和效益不断得到提升。

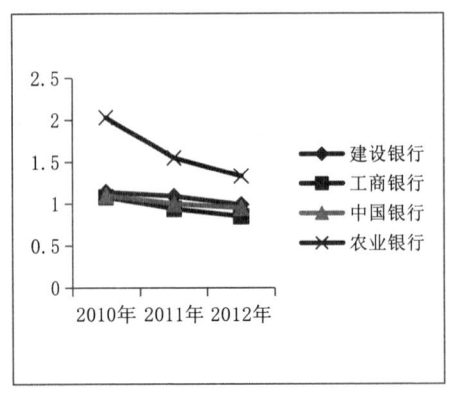

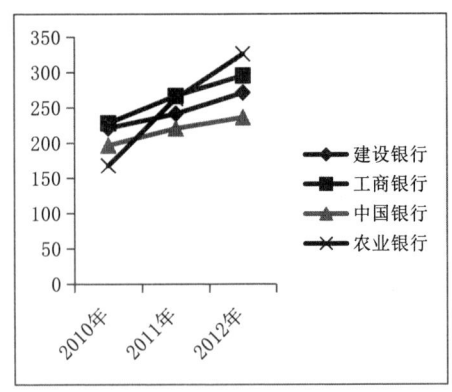

图2.3 四大行2010—2012年不良贷款率　　图2.4 四大行2010—2012年拨备覆盖率

面对复杂的金融环境，各大银行进一步推进自身信贷结构调整，主动防范风险，加快了不良贷款的处置，提高了信贷资产的质量，进一步降低了不良贷款率，其中农业银行三年内不良贷款率下降幅度较大。不良贷款拨备覆盖率是衡量商业银行贷款损失准备金计提是否充足的一个重要指标。该项指标从宏观上反应银行贷款的风险程度及社会经济环境、诚信等方面的情况。上图中可以看出四大国有商业银行的拨备覆盖率在2010年至2012年间有明显的上升趋势，商业银行对计提不良贷款损失准备金的重视程度日益增强。准确计量不良贷款和贷款两个因素，提高贷款质量，是我们制定有效政策来激励商业银行，实现与政府博弈双赢的前提。

2. 流动性指标

商业银行由于其业务性质的特殊性，必须保持相当的流动性。通常用银行年报中统一披露的资产流动性（资产流动性＝流动性资产/流动性负债）、存贷款比例指标来反映银行的流动性。资产与负债需要在期限上匹配，过低的资产流动性，可能会使银行面对负债到期无法偿还的流动性风险。由图2.5可见，四大商业银行的资产流动性有显著提高。

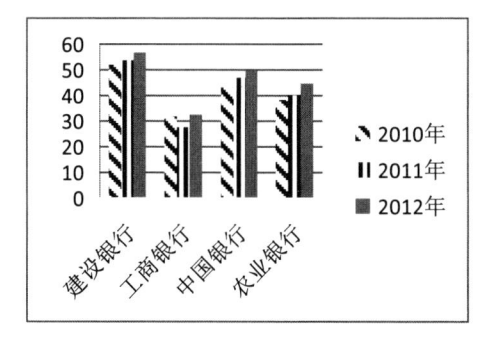

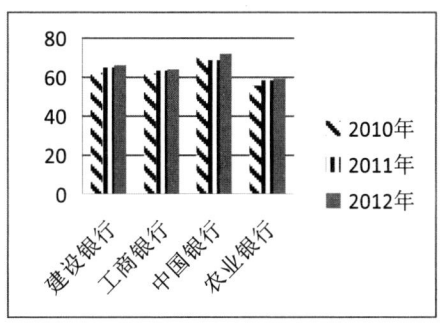

图2.5 四大行2010—2012年资产流动性比例　　图2.6 四大行2010—2012年存贷款比例

图2.6中，商业银行的存贷款比例逐年上升，一部分原因是随着金融市场运行趋于平稳，市场流动性充裕，各大银行开始提高资产利用率，存贷款比例也逐渐提高，通过降低资产流动性，来扩大收益。从存贷比的公式上看，存贷比增大无非有两方面的原因：一是贷款增加；二是存款减少。业内人士分析认为，理财产品的崛起，使得百姓不愿将钱放入银行。目前的理财产品大致分为两类，一类为储蓄性理财，即银行用以揽储的工具。另一类则是信托公司等其他金融机构发行的理财产品。近年来信托公司等金融机构飞速发展，其理财产品占据较大市场份额，这也是银行存款减少的原因之一。

3. 盈利性指标

资产回报率是由净利润除以年初和年末资产总额的平均值得来，如图2.7所示，四大商业银行在2010—2012年间资产回报率逐步上升。中国商业银行的盈利能力得到了提高，原因包括净利息收益率上升，手续费及佣金收入飞速增长，成本效益比率有所改善。不良资产的减少，资本基础进一步强化，基准利差扩大，以及银行积极发放中长期贷款，都是导致银行收益进一步上升的原因。从图2.8可以看出，资本回报率的变化不大，除农业银行有所下降以外，其他三家银行的资本回报折线图基本是平行态势，从这个指标角度观察，三年内大型商业银行的盈利能力相对稳定。但是指标数值均处于高位，相较于实体企业，银行的资本回报率优势明显。

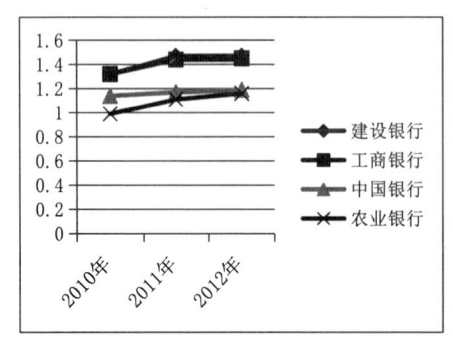

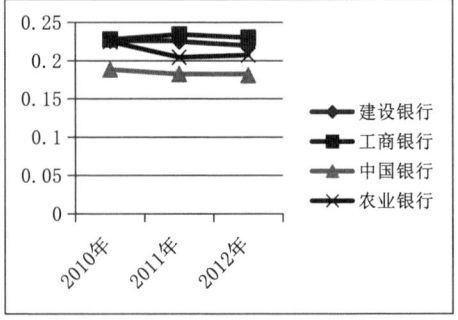

图2.7 四大行2010—2012年资产回报率　　图2.8 四大行2010—2012年资本回报率

综上所述，商业银行资产负债比例指标体系在平衡银行安全性、流动性与盈利性方面的作用还是不容忽视的。

自《中国人民银行关于印发商业银行资产负债比例管理监控监测指标和考核办法的通知》发布后，央行再未出台新的资产负债管理的系统性文件，经过10多年的发展，商业银行的体制、运行机制及业务管理都发生了很大的变化，原来的一些指标已不太适应当今的业务管理实际。在实际操作中，这些指标不可避免地存在着一些不完善的地方，不能完全真实反映银行的经营情况。

作为资产负债管理核心内容的比例指标体系本身存在一些问题，如贷款质量指标中不良贷款的计算口径不统一；拆出资金指标设计的合理性问题；指标统计困难，其口径与现行的会计、统计报表口径不匹配；等等。另外，现有指标基本上采用静态的财务指标，通过财务会计报表提供的财务数据进行一些基本的指标分析，基本上是对历史经营状况的总结。对银行未来发展情况的预测，如银行发展创新能力、经营发展战略等方面评价还不够理想。随着商业银行业务的发展、经营范围与内容的扩大，为防范商业银行在业务经营中日益增大的风险，商业银行的资产负债管理指标体系必须扩大涵盖面，不仅覆盖本币业务、表内业务、境内业务，而且要覆盖外币业务、表外业务和境外机构的经营业务，要实行本外币业务、表内外业务、境内外业务的综合监控，一体化考核。

管理不够精细化以及比例指标适用性不足等都是现有资产负债管理存在的局限。有些指标的计量笼统粗糙，缺乏针对适用性，有些指标仅仅适用于总行，不能科学合理地在分支行进行考核，指导其业务开展与风险控制。由于各地的业务重点、经营方向与风险管控的风格都不尽相同，因此不同分支行对指标的适应性及承受度也各有差异，如果在总分行上下层面及不同的分支行采用完全一致的指标考核要求，则会缺乏针对性，进而很可能达不到满意的资产负债管理效果，无法借助资产负债管理这一科学途径实现银行真正意义上的"三性平衡"。在我国，银行作为集中管理资本金的一级法人机构，资产负债管理的各项指标能否发挥作用，怎样发挥作用成为迫切需要解决的问题。

在实际操作中，银行可以根据年度经济资本总量控制目标，确定风险资产总量目标和各项资产业务的增长计划，使风险资产增长受资本约束，业务计划服从于经济资本计划，确保年度经济资本总量控制在计划目标内，利用内部评级系统等经济资本计量系统计算得出的数据，对各分支机构、业务部门占用的经济资本进行归集，得出分支机构、业务部门的经济资本，引导各分支行进行资产结构、业务结构和收支结构的调整。按照资产回报要求，各部门和各分支行占用的经济资本纳入经济增加值考核，业务及财务计划要根据实现目标资本回报的需要进行安排。另外银行还可根据分支机构风险管理状况和资产风险水平的不同，对各分支机构设定不同的经济资本分配区域调节系数，实施经济资本预算区域差异化管理，促进信贷资源在不同区域之间的优化分配。综上所述，将经济资本理念引入资产负债比例指标体系将可能弥补其计算相对粗糙，适用性不够及其他合理性问题。

总之，对商业银行而言，必须根据自身的业务实际，对资产负债管理的指标进行完善。作为量化的管理方法，资产负债管理虽然有助于提高商业银行的安全性、流动性和效益性，但要想提高与平衡商业银行的"三性"，仅靠现有资产负债管理并不能完全满足商业银行的要求，需要将现有资产负债比例指标体系进行优化与补充。资产负债管理只有与经济资本管理等其他风险管理方法有机结合起来，才能弥补自身的不足，建立真正意义上的全面科学的资产负债管理体系。

二、贷款集中度指标适用性不强

对于商业银行开展信贷业务而言，"别把鸡蛋放在一个篮子里"是一个必须信奉的原则。依据这一原则世界各国都对商业银行的贷款集中性问题予以监管，其主要目的就是限制商业银行对个别借款人的贷款数量和比例，以防止贷款投放过度集中于某些企业或行业，从而增加了贷款的风险。其中，贷款集中风险是指，任何可能造成巨大贷款损失（相对于银行的资本、总资产或总体风险水平）、威胁银行健康或维持核心业务能力的单个风险暴露或风险暴露组合。商业银行的贷款集中度风险是由于对单一贷款客户或相关的一群贷款客户的风险暴露过大而使资产组合额外承担的风险。引起贷款集中度风险的原因有两个：一是组合中个别资产的风险敞口高于正常水平，二是受共同影响的某一群体的风险敞口异常的高。贷款集中风险产生于共同或相关的风险因素，这些因素出现不利变化时，对每个产生集中的交易对象的信用等级、贷款损失都将产生负面影响。贷款集中风险主要包括：单个交易对手或一组相互关联的交易对手；同一经济行业或地区的交易对手等。

国际上对单一客户或集团客户授信额度一般都有数量规定，如巴塞尔委员会规定该限额不超过银行资本的25%，世界银行的建议是对此类客户的无抵押贷款不超过银行资本的15%。按照我国监管部门的规定，衡量客户贷款集中程度的主要指标是单一最大客户贷款比例与最大十家客户贷款比例。

单一最大客户贷款比=同一借款客户贷款余额/资本净额

最大十家客户贷款比=对最大十家贷款户发放的贷款总额/资本净额

单一最大客户贷款比例的监管标准是10%，最大十家客户贷款比例不得超过50%。商业银行的持续经营若取决于个别大客户，将隐藏很大的信用风险。对这些银行一方面要督促其增强资本基础，扩大资本实力，另一方面强制其转让资产，让资产在各个行业，各层客户间得到合理分散。

近年来我国商业银行贷款集中度指标的状况如表2.1—表2.5所示。从表2.5可以看出，总体上我国国有商业银行上述两项指标的各简单统计值基本低于股份制商业银行，前者的贷款集中状况基本优于后者。具体分析可知，不管是国有商业银行还是股份制商业银行，其最大十家客户贷款比例的下降趋势都相对明显，前十家贷款客户的贷款余额集中程度有一定的改善。而单一最大客户贷款比例的下降趋势却不显著，各大银行基本都是上下浮动态势，2012年上述国有银行中的3家（工商银行、建设银行、农业银行）以及股份制银行中的4家（北京银行、华夏银行、民生银行、中信银行）的这一指标数值都有不同程度的上升，其中北京银行与华夏银行的指标数值甚至超过了5%，分别达到了9.23%和6.23%。根据北京银行2012年年报披露，该行对其最大贷款客户达功（上海）电脑有限公司的贷款余额已达到77.38亿，占全部贷款的1.57%，单一最大客户贷款比例高达9.23%，已经濒临监管部门规定的警戒线位置。而其最大十家客户贷款余额也超过了300亿，占全部贷款的6.17%，最大十家客户贷款比例值在2012年也是以上银行中最高，达到了36.36%，因此虽然两项指标仍在监管标准以内，但其初步显现的上升态势必须引起内部管理高度重视，加强对其客户集中度风险的控制。

表2.1 我国国有商业银行2007—2012年单一最大客户贷款比例状况（%）

	工商银行	建设银行	中国银行	农业银行	交通银行
2007年	3.1	4.7	3.4		2.7
2008年	2.9	3.68	3.4	6.04	3.81
2009年	2.8	3.09	3.8	4.41	2.75
2010年	3.5	2.76	2.9	3.18	4.44
2011年	3.6	3.3	3.1	2.8	2.21
2012年	4	3.86	2.6	3.59	1.71

资料来源：根据各银行年报数据整理而得

表2.2 我国部分股份制商业银行2007—2012年单一最大客户贷款比例状况（%）

	浦发银行	招商银行	中信银行	民生银行	华夏银行	兴业银行	北京银行	平安银行（深发展）
2007年	4.21	6.13	3.41	3.75	5.58	4.18	9.14	5.41
2008年	2.96	5.31	2.92	4.09	3.72	2.82	7.83	4.22
2009年	3.35	5.7	5.06	6.5	4.79	6.53	6.9	7.84
2010年	3.3	4.08	5.21	3.2	5.29	5.36	5.71	5.29
2011年	2.65	3.43	3.78	3.86	4.69	4.45	5.86	3.71
2012年	2.17	2.66	3.8	4.11	6.23	4.34	9.23	2.95

资料来源：根据各银行年报数据整理而得

表2.3 我国国有商业银行2007—2012年最大十家客户贷款比例状况（%）

	工商银行	建设银行	中国银行	农业银行	交通银行
2007年	21.1	19.86	16.1		21.73
2008年	20.4	20.72	17.6	33.96	21.1
2009年	20.9	18.94	28	22.47	22.15
2010年	22.8	16	20.2	18.45	24.25
2011年	19.3	15.18	18.9	16.31	17.49
2012年	17.9	14.76	16.9	15.76	14.22

资料来源：根据各银行年报数据整理而得

表2.4 我国部分股份制商业银行2007—2012年最大十家客户贷款比例状况（%）

	浦发银行	招商银行	中信银行	民生银行	华夏银行	兴业银行	北京银行	平安银行（深发展）
2007年	28.93	32.42	25.03	28.17	41.7	20.94	43.9	42.74
2008年	24.3	32.14	21.93	27.51	27.48	19.77	40.89	26.9
2009年	25.04	28.82	34.7	34.01	33.99	38.71	44.42	40.85
2010年	19.55	23.4	30.01	28.45	35.83	30.21	40.85	26.86
2011年	16.5	16.68	22.12	20.93	25.29	23.54	36.11	19.24
2012年	13.97	14.24	20.98	17.39	27.38	21.81	36.36	15.6

资料来源：根据各银行年报数据整理而得

表2.5 两大指标简单统计结果（%）

	单一最大客户贷款比例			最大十家客户贷款比例		
统计值	最大值	最小值	平均值	最大值	最小值	平均值
国有银行	6.04	1.71	3.4	33.96	14.22	19.82
股份制银行	9.23	2.17	4.74	44.42	13.97	28.1

综上所述，虽然我国各大商业银行的贷款集中度指标都在监管标准范围以内，但这并不能说明商业银行在控制客户贷款集中度风险方面能高枕无忧，分析指标的构成与实行情况不难发现，上述两个指标在对商业银行客户集中度风险进行约束方面存在问题，其中很重要的不足之处就是指标缺乏适用性，我国银行是一级法人制度，分行非法人银行，无独立资本金，在进行单一客户授信资本金限额管理方面存在诸多限制。以交行为例，若按人民银行的考核口径，即对同一借款客户的贷款余额与资本余额的比例不超过10%，就全行而言至今没有一家企业超过这一标准，以此标准考核每一家分支行，就不利于业务的开展。因此经反复研究，总行把考核口径从资本改为各行的营运资金，掌握幅度也从15%放宽到25%至50%，这样的简单分解在考核分支行的实际操作中有一定的可操作性，但对其指标值监控幅度的把握以及具体实施方案还需考量。

经济资本理念对银行科学管理至关重要，与上述监控指标特点不同，经济资本的应用范围没有局限在总行层面，而是可以深入到银行内部整个系统的各个层面，不仅能帮助银行内部管理更好地实现风险与收益的平衡，更能应用到分支行的具体业务活动中。

三、资本管理相关指标欠缺

资本是商业银行存在的前提和发展的基础，可以作为抵御金融风险的缓冲器，而且是资本提供者拥有的风险与回报的传输器，也是银行管理的重要内容之一。资本的数量和结构同时还影响到银行的安全程度，进而影响到整个社会经济的稳定。因此，资本也是中央银行对商业银行进行严格监管的重点。资本管理是以资本充足率为核心之一的银行管理体系。资本充足率是商业银行持有的符合本办法规定的资本与商业银行风险加权资产之间的比率，是通过反映商业银行的资本充足状况，来衡量商业银行的资本相对于其所承受的风险而言是否充足的重要指标，也是监管部门与商业银行内部的重点监控指标。

在2004年《商业银行资本充足率管理办法》颁布之后，我国商业银行通过国家注资、在资本市场IPO、增发股票、配股、发行次级债券和可转化债券及利润留存等多种方式，增加资本金，资本充足率水平显著上升，我国主要国有商业银行资本充足率几乎每年都保持在10%以上。2007年，在我国经济出现过热增长的情况下，资本充足率水平也达到了最高水平，维持在13%—14%之间。2012年末，工商银行、建设银行、中国银行、农业银行和交通银行的资本充足率分别为13.66%、14.32%、13.36%、12.61%和14.07%。其中农业银行资本充足率相对偏低。

表2.6 我国国有商业银行2007—2012年资本充足率状况（%）

	工商银行	建设银行	中国银行	农业银行	交通银行
2007年	13.09	12.58	13.34	*	14.44
2008年	13.06	12.16	13.43	9.41	13.47
2009年	12.36	11.7	11.14	10.07	12
2010年	12.27	12.68	12.58	11.59	12.36
2011年	13.17	13.68	12.97	11.94	12.44
2012年	13.66	14.32	13.63	12.61	14.07

数据来源：根据各银行年报整理而得

表2.7 我国部分股份制商业银行2007—2012年资本充足率状况（%）

	浦发银行	招商银行	中信银行	民生银行	华夏银行	兴业银行	北京银行	平安银行（深发展）
2007年	9.15	10.4	15.27	10.73	8.27	11.73	20.11	5.77
2008年	9.06	11.34	14.32	9.22	11.4	11.24	19.66	8.58
2009年	10.34	10.45	10.14	10.83	10.2	10.75	14.35	8.88
2010年	11.83	11.47	11.31	10.44	10.58	11.29	12.62	10.19
2011年	12.7	11.53	12.27	10.86	11.68	11.04	12.06	11.51
2012年	12.45	12.14	13.44	10.75	10.85	12.06	12.9	11.37

资料来源：根据各银行年报数据整理而得

我国股份制商业银行的资本充足率水平也较高，到2012年年底大多达到了12%—13%的水平。但是和国有商业银行相比，股份制商业银行资本充足率水平相对较低。其中平安银行（原深圳发展银行）资本充足率水平一直较低，通过实施发行次级债、混合债券等补充资本计划，直到2008年才达到了8%的监管下限，使资本充足率满足了监管要求和本行业务发展需求。之后通过非公开发行股票，加上自身资本积累以及强化资本管理，到2012年底提升到了11.37%。另外民生银行的资本充足率水平近几年来基本未得到提高，与我国其他商业银行相比一直处于10%—11%的相对较低水平。

2004年后，我国商业银行核心资本充足率水平不断提升，2008年金融危机后，核心资本充足率有下降趋势，我国监管当局提高监管标准，2009年发布了《关于完善商业银行资本补充机制的通知（征求意见稿）》，商业银行核心资本充足率水平又逐步上升。

表2.8 我国国有商业银行2007—2012年核心资本充足率状况（%）

	工商银行	建设银行	中国银行	农业银行	交通银行
2007年	10.99	10.37	10.67	*	10.27
2008年	10.75	10.17	10.81	*	9.54
2009年	9.9	9.31	9.07	*	8.15
2010年	9.97	10.4	10.11	9.75	9.37
2011年	10.07	10.97	10.08	9.5	9.27
2012年	10.62	11.32	10.54	9.67	11.24

资料来源：根据各银行年报数据整理而得

表2.9 我国部分股份制商业银行2007—2012年核心资本充足率状况（%）

	浦发银行	招商银行	中信银行	民生银行	华夏银行	兴业银行	北京银行	平安银行（深发展）
2007年	5.01	8.78	13.14	7.4	4.3	8.83	17.47	5.77
2008年	5.03	6.56	12.32	6.6	7.46	8.94	16.42	5.27
2009年	6.9	6.63	9.17	8.92	6.84	7.91	12.38	5.52
2010年	9.37	8.04	8.45	8.07	6.65	8.79	10.51	7.1
2011年	9.2	8.22	9.91	7.87	8.72	8.2	9.59	8.46
2012年	8.97	8.49	9.89	8.13	8.18	9.29	10.9	8.59

资料来源：根据各银行年报数据整理而得

在了解资本充足率的基本情况后，我们需要进一步分析商业银行的资本结构，进而对商业银行的真实资本情况有更加全面的认识。2012年我国部分商业银行的资本结构如表2.10所示，通过分析表中数据不难看出，首先国有大型商业银行的核心资本充足率都较高（农行除外），城市商业银行中北京银行的核心资本充足率水平达到了10.9%。另外，在我国商业银行的资本构成中，核心资本占比仍然很大。13家银行的核心资本占总资本的比例均达到60%以上，附属资本所占比例相对较小。这与一些国际化大型银行相比存在差别，国际上一些大型银行的附属资本一般占到总资本的50%左右。因此，我国商业银行在资本管理方面应重视提升附属资本的比例，使资本结构更加合理。

表2.10 2012年底我国十三家上市银行的资本结构

2012年年报	核心资本（百万）	附属资本（百万）	风险加权资产（百万）	核心资本充足率（%）	资本充足率（%）	核心资本占总资本比例
建设银行	875,752	238,168	7,637,705	11.32	14.32	0.79
交通银行	365,842	97,140	3,242,507	11.24	14.07	0.80
北京银行	70,828	14,959	619,379	10.90	12.9	0.84
工商银行	1,044,564	298,365	9,511,205	10.62	13.66	0.78
中国银行	794,873	265,997	7,253,230	10.54	13.63	0.77
中信银行	196,068	71,544	1,948,636	9.89	12.14	0.81
农业银行	701,293	214,334	7,216,178	9.67	12.61	0.77
兴业银行	163,639	49,209	1,737,456	9.29	12.06	0.77
浦发银行	168,072	67,992	1,857,066	8.97	12.45	0.72
平安银行	76,896	25,430	895,593	8.59	11.37	0.76
招商银行	188,046	77,112	2,077,755	8.49	12.14	0.70
华夏银行	71,464	24,202	873,214	8.18	10.85	0.75
民生银行	164,288	53,056	2,020,011	8.13	13.44	0.60

资料来源：根据各银行年报数据整理而得

衡量一家银行资产风险水平的指标并非风险加权资产的绝对值，而应是风险资产的比例，即风险加权资产/总资产。该指标越高，表明测算的单位资产的风险暴露值越高，相同资产规模下风险加权资产量越大。因此，考察表2.11可以看出，我国大部分商业银行在这个指标上并没有呈现明显的下降趋势，而普遍是浮动状态或无明显改善。

表2.11 2010—2012年我国商业银行的风险资产比例

	2010年	2011年	2012年
浦发银行	0.58	0.58	0.59
招商银行	0.60	0.63	0.61
中信银行	0.67	0.62	0.66
民生银行	0.70	0.72	0.63
华夏银行	0.50	0.57	0.59
兴业银行	0.54	0.56	0.53
北京银行	0.53	0.51	0.55
平安银行	0.64	0.63	0.56
工商银行	0.53	0.55	0.54
建设银行	0.56	0.55	0.55
交通银行	0.61	0.61	0.61
中国银行	0.56	0.56	0.57
农业银行	0.52	0.55	0.54

资料来源：根据各银行年报数据整理而得

商业银行要在年报中公布资本充足率水平，虽然在多数情况下，监管资本要求并不能成为分配资本的准绳，也不是衡量商业银行资本配置效率高低的方法，但是监管资本作为一项强制指标，在我国目前商业银行经营管理水平不高的情况下，制约着业务规模的扩大，影响着内部资本配置过程。商业银行在进行资本管理，配置经济资本时，监管资本是一个重要的考虑因素。

通过对商业银行现有资本状况的分析，我们意识到如何以较低的成本增加资本的数量、改善资本的结构、满足监管需要，建立一套科学的资本管理体系，最终实现优化金融机构股本价值，是商业银行资本管理需要不断创新的领域。我国商业银行资本管理必将实现从传统的财务管理向全面监管转变、从资本扩张冲动到计算资本适宜度的转变、从资本数量的管理到优化结构的转变。提高资本充足率、完善风险管理是商业银行提高资本管理水平的现实问题。

资本管理是对银行资本的科学测量与合理配置，它主要包括以下两方面的内容：一是监管资本的管理，即在充分考虑股东要求的最低收益水平以及评级机构期望等因素的条件下，保证银行的总体资本水平符合监管当局的要求。二是风险资本的管理，即在满足外部要求的基础上，通过建立内部风险资本管理体系，计量和分配风险资本；利用风险收益模型来衡量银行的经营绩效；利用各种资本工具和资本管理措施，使以资本为基础、经过风险调整后的财务绩效达到最优。

银行从事每一项业务，都有可能产生非预期损失，在经营前都要进行风险资本的准备。不同业务线、不同产品的风险是不一样的，风险资本的配置是寓于银行经营者的风险偏好之中的。不同的风险偏好，决定了风险资本的配置领域、方向以及数量，进而决定了各业务线的收缩以及扩张，决定了银行的业务结构以及发展的整体概貌。正是在这个意义上说，风险资本的配置过程，同时也是银行业务的经营过程。

长期以来，我国银行业相对注重资产、负债的管理而疏于资本的管理，资本管理工作比较落后，主要表现为：对资本管理重要性的认识还不深刻，不少银行既没有设立专门的资本管理部门，也没有指定专门的部门承担相应的资本管理职责；资本管理的目标比较单一，大多数银行的管理目标只是满足外部的监管要求，仅仅停留在定期计量和通报资本充足率的层面，缺乏对资本充足率的定期分析和预测，更谈不上风险资本的科学管理和合理配置要求。以资本充足率为核心的资本管理指标体系只在总行层面对银行资本充足水平进行监控，对分支行在资本充足条件下开展业务的指导作用十分有限，并没有完善的资本管理指标体系对分支行的资本运用情况进行考核。高级法实施后，银行不仅需要在集团层面进行资本计量也需要在分支行层面进行科学合理的资本分配，高级法使银行对资本的计量更准确，可以让银行根据资本充足状况进行合理的资本配置，从而调整资产组合，提高资本使用效率。

四、资本收益率风险监控力不足

银行是通过管理高风险而盈利的，必须平衡盈利性和安全性的关系。长期以来，我国商业银行普遍采用的衡量盈利能力的指标之一是资本收益率（ROE）。在分析中，通常用杜邦分析法将ROE分解为资产收益率（ROA）和权益资本乘数（EM）的乘积。即ROE=税后净收入/总的股权资本=（税后净收入/总资产）×（总资产/总股权资本）=ROA×EM。以建设银行与兴业银行为例，建设银行的资产收益率（ROA）指标值最大，但由于兴业银行的权益资本乘数（EM）大大超过了建行的14.7，最后使兴业银行的资本收益率（ROE）指标值达到了26.65的较高水平，超过建设银行近5个百分点。由此可以看出，银行要获得满意的ROE就必须冒更大的风险，扩张资产，提高杠杆率。这也是一直以来我国商业银行进行粗放型规模扩张的依据所在。事实上，这种"粗放型规模扩张"方式是不可为续的。因为与银行的资产迅速粗放型扩张相伴的，将是风险的迅速吸纳和累积，最终危及商业银行自身安全。没有约束的增长是缺乏理性的。

表2.12 各商业银行ROE分解排名表

	ROE	排名	ROA	排名	EM	排名
工商银行	23.02	4	1.45	3	15.5521	9
建设银行	21.98	5	1.47	1	14.70588	11
中国银行	18.1	10	1.19	6	15.38462	10
交通银行	18.43	9	1.18	7	13.88889	13
北京银行	18	11	1.13	10	15.625	8

续表

	ROE	排名	ROA	排名	EM	排名
华夏银行	18.5	8	0.94	12	19.92032	1
民生银行	25.24	2	1.41	4	19.04762	3
平安银行	16.78	12	0.94	13	18.93939	4
浦发银行	20.95	6	1.18	8	17.63668	5
兴业银行	26.65	1	1.23	5	19.12046	2
招商银行	24.78	3	1.46	2	17.0068	7
农业银行	20.74	7	1.16	9	17.51313	6
中信银行	16.7	13	1.1	11	14.57726	12

资本收益率是反映商业银行资产经营的效益和效率的重要指标之一。通过分析我们发现ROE存在不可忽视的缺陷：首先，"分子"没有扣除股本资本的成本，导致成本的计算不完全，因此无法判断公司为股东创造的价值的准确数量；其次，忽视了银行业务活动的风险，因此不能准确评价银行的风险管理水平；最后，其所承担的风险与盈利在时间上不能同时体现。ROE最致命的缺陷在于没有将风险考虑在内，在一定程度上导致了我国商业银行的非理性扩张。

传统观念上银行如何调配资源呢？一是依据资产规模调配资源，哪个分行资产规模大，就可以占用更多的资源；二是根据利润的绝对数调配资源，哪个分行利润大，就可以多支付工资，占用更多资源。不论哪种情况都不是建立在收益与风险的有效平衡机制基础上，没有真实反映风险状况，都不是有效配置资源的方式。银行用ROE考核资源使用效率并据以分配资源，虽然考虑了资源盈利能力，但没有考虑追求利润所付出的风险代价，在不计量风险的状态下用收益率衡量业绩，会鼓励那些具有高收益率但同时隐藏极大风险的业务无制约地扩张，结果可能导致商业银行在扩张资产和增加收入的同时积累大量风险。

如果业绩的评估只是简单地使用投资回报，可能会导致风险的过度承担，而如果仅以风险作为评估的指标，有可能导致投资的过度保守，稳健经营是金融业的生存之道，利润最大化也是其追求的目标，因此，必须对可能的过度投机行为进行限制，对过度保守的行为进行激励。在业绩评估中综合考虑风险和收益，使用经风险调整后的业绩来评估业绩，可以防止投资者的投机行为。

第3章　宏观审慎资本约束对银行安全性的影响分析

要改进宏观审慎框架下商业银行资产负债管理所体现出来的不足，首先需要分析宏观审慎框架对商业银行资产负债管理的有效性。国内《资本办法》实施以来，对于资本监管下商业银行如何实现资本调整和风险调整，提高安全性，以及资本监管降低银行个体乃至整个金融体系的风险水平，一直为理论界与业界所关注，但实证研究一直未有统一结论。本章主要探索资本监管与银行安全性之间的关系，为更好的资本监管和银行内部管理提供思路。

第一节　实证分析框架

成洁（2014）、杨新兰（2015）以我国的商业银行为样本，对资本监管与商业银行风险调整之间的关系进行了实证分析。前者研究的样本年度为2004年至2010年，在这一期间，我国的商业银行施行的是《商业银行资本充足率管理办法》，该办法主要建立在《巴塞尔协议》基础上，但也借鉴了《巴塞尔协议Ⅱ》，鼓励实施第二支柱和第三支柱。后者的研究样本年度为2004年至2012年，在我国提出《商业银行资本管理办法（试行）》之前，虽然将时间划分为三个部分，但是划分的依据并不是很清晰，并且第三部分的时间跨度是2011年6月到2012年6月，半年为一期，仅2期，并且采用的是资本充足率的差分数据，也就是说，仅仅采用2期数据进行实证分析，其实证结果的可靠性值得考量。

银行由于筹集资本的成本过高，会选择通过调整风险水平来维持一定的资本充足水平，此时的银行，资本总量并没有发生变化，但是资本充足率却发生了改变。针对系统重要性银行与非系统重要性银行之间的竞争问题，我们同时选取资本充足率的变化与资本的变化来进行比较，随着外界因素的变化，整个行业的资产风险变化作为风险变化的平均水平，而对于激进的银行而言，其资产风险的变化可能更强，也可能以更弱的变化来保持具有竞争优势的资本充足水平，但是其资本的总量并没有发生变化。

借鉴二者的研究方法，同样选取上市银行作为样本，收集《商业银行资本管理办法（试行）》实施前后的数据，分析监管标准的变化对商业银行风险调整行为的影响，与此同时，也将商业银行分为系统重要性银行和非系统重要性银行，考察资本监管标准的变化对这两类银行行为的影响。

为了对目标进行有针对性的分析，建立相应的实证分析框架如下：

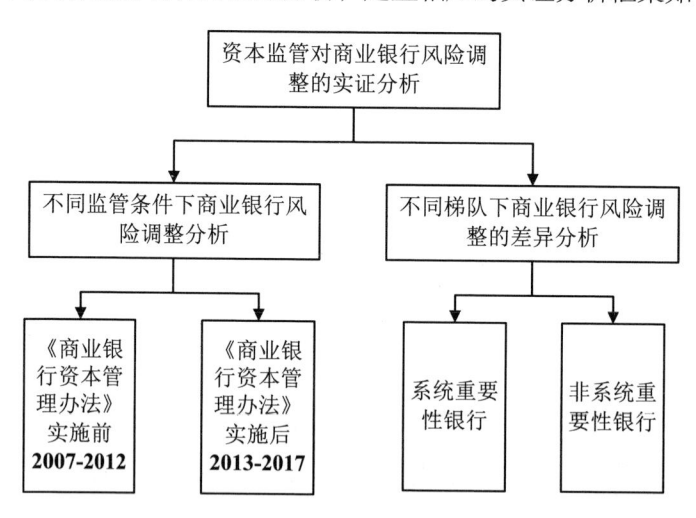

图3.1 资本监管对商业银行风险调整的实证分析框架

第二节　模型构建与变量选取

一、模型构建

研究资本与风险调整之间的关系的模型基本都是参照Shrieves和Dahl（1992）构建的资本与风险调整研究框架，该框架建立了资本与风险变动的联立方程，其基本形式如下：

$$\Delta CAR_{j,t} = \Delta^d CAR_{j,t} + E_{j,t}$$
$$\Delta RISK_{j,t} = \Delta^d RISK_{j,t} + S_{j,t}$$

（3.1）

其中，$\Delta CAR_{j,t}$ 和 $\Delta RISK_{j,t}$ 分别为银行j在第t期观测到的资本变化和风险变化。$\Delta^d CAR_{j,t}$ 和 $\Delta^d RISK_{j,t}$ 表示银行自身的调整意愿。模型的应用有两个假设，一是银行的监管和银行自身的经济资本管理都要求商业银行资本与风险的匹配，当资本低于银行承担的风险所需的资本时，银行就存在增加资本的意愿，而当资本高于银行承担的风险所需的资本时，银行就存在减少资本的意愿，二是银行不能同时调整资本和风险，因为银行筹集资金的成本、制度惯性及信息不充分等都可能导致调整不能及时完成。因此，银行的调整意愿虽然是通过计算资本或风险的目标水平和上期水平之间差额得到，但是按照局部调整模型，资本的调整 $\Delta^d CAR_{j,t}$ 和风险的调整 $\Delta^d RISK_{j,t}$ 分别表示如下：

$$\Delta^d CAR_{j,t} = \alpha(CAR^*_{j,t} - CAR_{j,t-1})$$
$$\Delta^d RISK_{j,t} = \beta(RISK^*_{j,t} - RISK_{j,t-1})$$

（3.2）

其中，$CAR^*_{j,t}$ 和 $RISK^*_{j,t}$ 分别表示j银行在第t期的目标资本水平与目标风险水平，系数 α 和 β 表示银行的调整成本。将公式（3.2）代入公式（3.1）可得：

$$\Delta CAR_{j,t} = \alpha(CAR_{j,t}^* - CAR_{j,t-1}) + E_{j,t}$$
$$\Delta RISK_{j,t} = \beta(RISK_{j,t}^* - RISK_{j,t-1}) + S_{j,t}$$

（3.3）

上式中的资本方程表示，银行j在第t期观察到的资本水平变化可以拆分为第t期的目标资本水平与前一期资本水平的差和第t期的随机扰动两部分。上式中的风险方程同样也可以拆分为类似的两部分。

二、变量选择

根据研究目标，考察资本监管与银行资本调整和风险调整之间的关系，将银行资本的调整和银行风险的调整作为被解释变量，解释变量为资本监管要求、资本滞后项、风险滞后项以及其他控制变量。

1. 资本的变化

国内外的研究基本上都是选取资本与总资产的比例、资本充足率等来衡量资本水平。资本与总资产的比值比较侧重银行资本的构成，体现的是杠杆率。而资本充足率比较侧重于资本与风险的比值。而资本水平的一阶差分表示资本的变动。为了反映出系统重要性银行与非系统重要性银行的差异以及研究的需要，选取资本与资产的比例、资本充足率作为分析对象。

2. 风险的变化

风险加权资产与资产的比值可以作为商业银行的风险衡量指标，记 $\lambda_t = \frac{RWA_t}{V_t}$，是时刻商业银行风险加权资产与资产的比值，可以用来反映单位资产风险随着时间 t 的变化。这一指标的一阶差分表示商业银行风险的变化。该指标的优势在于能反映银行当期的风险选择，不管银行是否采用较为激进的内部评级法策略。

3. 监管压力

监管的要求给银行带来资本压力，当银行预期的资本充足率小于银行最低监管资本要求时，银行面临补充资本或者减小降低资产风险的压力，当银行预期的资本充足率高于银行最低资本要求时，那么银行面临减小资本或提高资产风险的选择。不管哪一种情形，银行都需要进行调整，借鉴Jacques和Nigro（1997）的思路，增加两个变量，分别为CARLOW和CARHIGH，这两个变量用来表示资本充足率监管对银行行为的影响。当银行的资本充足率小于最低监管资本要求，MinCAR，CARLOW=1/CAR-1/MinCAR，否则为0，当银行的资本充足率大于最低监管资本要求时，CARHIGH=1/MinCAR-1/CAR，否则为0。

具体而言，这一指标体现出了系统重要性银行与非系统重要性银行的差异，是这一研究的关键因子。在我国，2012年发布的《商业银行资本管理办法（试行）》将自2013年1月1日起施行，由此在2013年后，商业银行面临着新的监管压力。

表3.1 监管压力指标的取值

指标	2013年以前	2013年后系统重要性银行	2013年后系统非重要性银行
CARLOW	MAX{1/CAR-1/0.08, 0}	MAX{1/CAR-1/0.115, 0}	MAX{1/CAR-1/0.105, 0}
CARHIGH	MAX{1/0.08-1/CAR, 0}	MAX{1/0.115-1/CAR, 0}	MAX{1/0.105-1/CAR, 0}

4. 资本与风险的滞后项

由于数据的可得性，以半年为1期，根据上期的资本与风险情况对当期的资本进行调整，资本较低的银行会增加本期资本，风险较高的会降低本期的风险，从这一角度出发，滞后项的系数为负值。

5. 其他控制变量

杨新兰（2015）选取银行规模、盈利能力、资产质量、流动性、贷款集中度等指标作为控制变量，认为银行的资本调整和风险调整是内生的。但是，外部宏观环境对于银行调整其风险水平和资本水平也有着重要影响，此处分析在杨新兰（2015）所选指标的基础上增加宏观经济指标。具体而言，选取指标如下：

（1）银行规模

商业银行的系统重要性与银行的规模密切相关，并且银行规模的扩大会提升盈利机会，这也就降低了资金的成本，使其更倾向于采用增加资本来抵御风险，但是Titman和Wessels（1988）认为，规模较大的银行更倾向于保持较低的资本水平，其一般具备较强的风险管理能力，能实现资本与风险的精细化管理。后者的观点体现出了系统重要性银行与非系统重要性银行之间存在的矛盾。一般地，用银行总资产的自然对数作为银行的规模（SIZE），进一步考察其对资本调整和风险调整的影响。

（2）盈利能力

银行补充资本的途径一般来源于收益和外部融资，同时巴塞尔协议Ⅲ也要求商业银行内部通过留存收益的方式来计提超额资本，因此，银行盈利能力的大小会对商业银行资本的调整造成影响。

（3）资产质量

商业银行的资产可以反映银行当前的风险状况，同时也会对未来银行调整其资本和风险水平造成影响。有的学者甚至将反映资产质量的不良贷款率指标作为商业银行风险调整的被解释变量，由于不良贷款率指标较为滞后，所以并没有选择这一指标。于是将滞后一期的不良贷款率指标（NON）作为解释变量，考察其对商业银行资本和风险水平调整的影响。

（4）贷款集中度

根据商业银行的信息披露，贷款集中度主要通过最大10家客户贷款比例来反映，根据《巴塞尔协议Ⅱ》和《巴塞尔协议Ⅲ》，贷款集中度指标会对计算所需计提的资本造成影响，同时贷款的集中也反映出了风险的积聚，以滞后一期的贷款集中度指标（CONS）作为解释变量。

（5）宏观环境因素

宏观经济环境的变化会影响贷款的质量，同时也会影响客户对于贷款的需求以及银行的贷款结构，也会进一步反映在银行的资本调整和风险调整上。采用GDP指标的自然对数来表示宏观经济因素，其实宏观经济因素对于资本的调整和风险的调整的影响是不一定的，宏观环境好，贷款需求旺盛，不良率也随之降低，但是不良贷款的数额可能会增加，因为选取的风险指标是单位资产的风险水平，一般而言，随着宏观经济变好，单位资产风险会降低，所以预期为负相关。

综上，影响资本调整的解释变量有：监管压力、风险变化、银行规模、盈利水平、贷款集中度、资产质量和GDP；影响风险调整的解释变量有：监管压力、资本的变化、资产质量、银行规模、贷款集中度和GDP。将这些解释变量代入公式（3.3），构建如下的联立方程：

$$\Delta CAR_{j,t} = \alpha_0 + \alpha_1 \Delta RISK_{j,t} + \alpha_2 SIZE_{j,t-1} + \alpha_3 ROA_{j,t-1} + \alpha_4 CONS_{j,t-1} + \alpha_5 NON_{j,t-1}$$
$$+ \alpha_6 GDP_{j,t} + \alpha_7 CAR_{j,t-1} + \alpha_8 CARH_{j,t-1} + \alpha_9 CARL_{j,t-1} + E_{j,t}$$

（3.4）

$$\Delta RISK_{j,t} = \beta_0 + \beta_1 \Delta CAR_{j,t} + \beta_2 SIZE_{j,t-1} + \beta_3 ROA_{j,t-1} + \beta_4 CONS_{j,t-1} + \beta_5 NON_{j,t-1}$$
$$+ \beta_6 GDP_{j,t} + \beta_7 RISK_{j,t-1} + \beta_8 CARH_{j,t-1} + \beta_9 CARL_{j,t-1} + S_{j,t}$$

（3.5）

第三节　不同资本监管条件下商业银行风险调整分析

选取我国上市银行作为分析样本，选取的对象包括16家上市银行，分别是平安银行、宁波银行、浦发银行、华夏银行、民生银行、招商银行、南京银行、兴业银行、北京银行、光大银行、交通银行、工商银行、中国银行、建设银行、农业银行、中信银行。选取这些银行的财务指标和资本监管指标，数据来源于WIND数据库。从WIND数据库的统计中可以知道，商业银行资本监管指标分为两个阶段，2013年后开始施行《商业银行资本管理办法》，所披露的资本监管指标均按照新的资本管理办法进行披露。所以将2013年作为前后监管的分界是合理的。因为披露的指标包括风险加权资产，所以选择各商业银行半年报数据，数据跨度为2007年6月至2017年6月。为了研究不同监管条件下商业银行风险调整情况，以2013年为界，2007年6月至2012年12月为第一阶段，2013年6月至2017年6月为第二阶段。

一、数据的预处理

收集和整理好数据后，对数据进行初步处理，得到资本指标和风险指标的一阶差分，对资产规模和GDP进行对数处理，对相应的贷款集中度、资本、不良贷款率指标进行百分化，得到相应的各项指标。进一步剔除数据中的空白指标，比如有的银行在披露的时候并没有披露贷款集中度这一指标，也有的银行在披露的时候没有披露风险加权资产指标以及不良率指标，删除这些项目，进而对数据进行描述性统计，得到结果如下表所示：

表3.2　2007—2012年数据的描述性统计

	N	极小值	极大值	均值	标准差
CAR	153	0.05770	0.30670	0.1224196	0.03084467
DETACAR	153	−0.089200	0.214600	0.00055882	0.022999773
RISK	153	0.44505	0.72831	0.5701114	0.05681224
DETARISK	153	−0.10504	0.12150	0.0032697	0.03383405
SIZE	153	25.04693	30.46852	28.1114698	1.37386616
ROA	153	0.00149	0.01715	0.0083961	0.00313616
CONS	153	0.14720	0.76050	0.2653902	0.09222118
NON	153	0.00350	0.05620	0.0123235	0.00764867
CARLOW	153	0.00000	4.83102	0.0315753	0.39056502
CARHIGH	153	0.00000	9.23948	3.9671458	1.64940314
GDP	153	39.53720	40.21241	39.8599551	0.22038448

表3.3　2013—2017年数据的描述性统计

	N	极小值	极大值	均值	标准差
CAR	100	0.08780	0.15390	0.1228910	0.01386043
DETACAR	100	−0.019300	0.014600	0.00124400	0.006406000
RISK	100	0.56536	0.74020	0.6438882	0.04305446
DETARISK	100	−0.07858	0.06609	0.0001273	0.02841790
SIZE	100	26.73947	30.81478	29.0505801	1.19944764
ROA	100	0.00439	0.01467	0.0085324	0.00279839
CONS	100	0.10790	0.33240	0.1623910	0.04639658
NON	100	0.00590	0.02400	0.0122520	0.00362005
CARLOW	100	0.00000	1.86571	0.0427475	0.21637362
CARHIGH	100	0.00000	2.22986	1.0112911	0.61610717
GDP	100	40.23278	40.53476	40.3858484	0.09474882

从表3.2和表3.3可以看出，第一阶段和第二阶段的有效数据分别为153

个和100个。根据监管压力的算法，得到CARLOW和CARHIGH指标，第一阶段的这两个指标变化幅度较大，CARLOW和CARHIGH的最小值都为零，但是最大值分别为4.83和9.24，第二阶段的最大值分别为1.87和2.23。第一阶段和第二阶段中，资本指标的差异性也较大。第一阶段中，资本的均值为12.2%，最小值为5.8%，最大值为30.7%，第二阶段的资本均值为12.3%，最小值为8.78%，最大值为15.4%。在资本管理办法未施行时，商业银行之间的资本差异性较大，标准差的差异性也大。不良贷款率指标虽然均值差异不大，但是前者的最大值为5.62%，后者最大值仅为2.4%。第二阶段的GDP均值大于第一阶段的GDP均值，由此可见，第二阶段的经济情况相对于处在全球金融危机时的第一阶段有所好转，关于这一点从银行的盈利指标ROA上也可以看出。被解释变量DETACAR和DETARISK指标也是第一阶段的波动性要强于第二阶段。

二、联立方程的回归分析

构建资本调整和风险调整的联立方程，而目前联立方程组模型的估计方法主要有两阶段最小二乘法和三阶段最小二乘法，三阶段最小二乘法可以对联立方程中所有的参数进行估计，并且还考虑了模型系统中不同结构方程的随机误差项之间的相关性，而两阶段最小二乘法主要针对模型的内生性问题，此处分析运用三阶段最小二乘法估计上述的联立方程。

运用stata软件对上述的联立方程组进行估计，两个阶段的回归结果分别如表3.4、表3.5所示：

表3.4 第一阶段回归结果

	DETACAR			DETARISK		
	系数	标准差	P值	系数	标准差	P值
DETARISK	0.323244	0.1885316	0.086	--	--	--
DETACAR	--	--	--	−0.67088	0.7907821	0.396
CAR_t−1	−0.37929	0.1870532	0.043	--	--	--
RISK_t−1	--	--	--	−0.23944	0.0669386	0.000

续表

	DETACAR			DETARISK		
	系数	标准差	P值	系数	标准差	P值
SIZE	−0.00098	0.0021705	0.652	0.00299	0.0027797	0.282
ROA	−0.40251	0.7232076	0.578	−0.0377	1.050128	0.971
CONS	0.090708	0.0263628	0.001	0.067337	0.0833503	0.419
NON	0.862974	0.4156443	0.038	−0.89152	0.6175982	0.149
CARLOW	−0.00567	0.0059938	0.344	0.005488	0.0083872	0.513
CARHIGH	0.000647	0.0032757	0.843	−0.00221	0.0045867	0.63
GDP	0.040108	0.0136657	0.003	−0.00555	0.0319329	0.862
C	−1.55899	0.5246536	0.003	0.279554	1.270951	0.826

从上表可知，对于2007年6月至2012年12月这一阶段，回归结果中绝大多数的解释变量都不显著，说明模型并不能很好地解释该期间资本与风险的变动关系。也就是说，在这一阶段的商业银行资本监管中，资本监管尚未成为影响商业银行资本调整和风险调整的主要因素，从回归结果看，影响资本变动的主要因素是宏观经济情况，不良贷款率和贷款集中度指标，当贷款集中度提高时，商业银行会多计提资本，不良贷款率的提高也会促使银行多计提资本，同时宏观经济向好时，商业银行也会多计提资本，而上期资本对于资本调整的影响是负向的，当上期的资本充足率较高时，商业银行在下一期会选择减小资本充足率。而影响风险调整的因素主要是上期的风险，当上期暴露的风险较高时，商业银行会降低其风险水平，而当风险较低时，也会提高其风险水平。

表3.5 第二阶段回归结果

	DETACAR			DETARISK		
	系数	标准差	P值	系数	标准差	P值
DETARISK	0.021747	0.036967	0.556	——	——	——
DETACAR	——	——	——	−7.04558	3.81119	0.065
CAR_t−1	0.471727	0.170052	0.006	——	——	——
RISK_t−1	——	——	——	−0.50401	0.152005	0.001

续表

	DETACAR			DETARISK		
	系数	标准差	P值	系数	标准差	P值
SIZE	−0.00073	0.000975	0.454	0.007724	0.00687	0.261
ROA	0.198847	0.306958	0.517	−0.03269	2.50124	0.99
CONS	−0.03118	0.01292	0.016	−0.0585	0.143341	0.683
NON	−0.58734	0.214392	0.006	−5.06617	3.034755	0.095
CARLOW	0.007731	0.002836	0.006	−0.00717	0.024115	0.766
CARHIGH	−0.01497	0.003303	0.000	−0.06588	0.02985	0.027
GDP	0.034929	0.010385	0.001	0.280654	0.147009	0.056
C	−1.42077	0.419762	0.001	−11.0866	5.956518	0.063

从表3.5第二阶段的回归结果中可知，商业银行的资产规模对于资本的调整和风险的调整并没有显著的影响。风险的调整对于资本调整没有显著的影响，但是资本的调整会对商业银行的风险调整造成影响。

在《商业银行资本管理办法》施行以后，资本监管发挥了其应有的功能。监管压力指标不管是在资本调整还是在风险调整中都表现显著。对资本调整来说，CARLOW与资本调整呈负相关，CARHIGH与资本调整正相关。当银行的资本低于资本监管要求时，商业银行在下期会增加资本，当商业银行的资本高于资本监管要求时，商业银行会选择降低资本水平。而对于风险调整而言，CARLOW对其影响不显著，CARHIGH对风险调整有显著的正面作用，也就是说，当上期的银行的资本充足率高于资本监管要求时，在下一期银行表现出来的是降低银行的风险。这一现象在我国也显得合理，我国的商业银行的资本主要都是以普通股形式存在，在过去商业银行都处在一个高资本充足率的状态下经营，资本监管要求的提高，并没有造成商业银行更为激进的表现，而是随着资本管理办法的实施，商业银行的风险管理水平和控制能力不断提升，这表现出商业银行资本监管对于商业银行风险管理的正面促进作用。

宏观经济指标对商业银行的影响是显著的。宏观经济对商业银行的资本调整有正面促进作用，随着GDP的上升，商业银行的资本充足率也会较高，这一方面体现在商业银行收益率的提高，这对资本充足率的变化有正面的影响。而宏观经济对于风险调整而言有显著的负面作用，随着GDP的增加，风险资产反而也增加了，这与2013年以来中国所处的关键时期有关，现在银行面临着较大的竞争压力，同时资产荒以及较大的运营成本，都导致了商业银行对于高收益的追求，高收益与高风险往往相伴相生，因此商业银行的资产风险在第二阶段随着GDP的增加而升高，这也对商业银行的风险管理能力提出了更高的要求。

不管是资本还是风险，上期的资本水平和风险水平都对当期的资本调整和风险调整有显著的影响。当上期的资本充足率水平较高时，在当期还会提高其资本充足率水平，而上期的风险较高时，在当期商业银行会降低其资产风险水平。

在第二阶段中，银行的资产收益率对于资本的调整和风险的调整并没有显著影响，并且在这一阶段，商业银行的ROA处在一个较低的水平，银行资本调整的方式更多源于外部融资的形式，而不是来源于盈利的积累，这也符合目前商业银行的现实情况。

不良贷款率和贷款集中度对资本调整有显著的负向影响，当不良贷款率和贷款集中度较高时，商业银行的资本充足率降低。不良贷款率对于风险调整的影响，在10%的置信水平下是显著的，当不良贷款率较高时，商业银行会降低其资产风险水平。

表3.4和表3.5的回归结果反映的是上市银行整体的资本充足率调整和风险调整情况。在不同的资本监管条件下，更为严格和更为完善的资本监管策略确实能够约束商业银行的风险，并能促使商业银行的资本充足率指标向监管资本要求趋近。同时，从资本压力指标与风险调整之间的关系上看，商业银行之间并不存在明显的监管套利行为，因为如果存在这种行为，那么在

资本充足率低于监管资本要求时，商业银行会降低其风险水平，当资本充足率高于监管资本要求时，商业银行会提高其资产风险水平，而从回归结果上看，其符号正好相反，由此可见，从银行整体上看并不存在明显的监管套利行为。

第四节　不同梯队商业银行风险调整的差异分析

在上一节的分析中，我们考察了资本监管与商业银行资本充足率调整和风险调整之间的关系。为了得到系统重要性银行和非系统重要性银行之间风险调整的差异，将16家上市银行分为两类，一类是《商业银行资本管理办法》要求多计提1%的系统重要性银行，包括工商银行、农业银行、中国银行、建设银行和交通银行，其他银行为非系统重要性银行。仍然参照上述联立方程模型，但是对被解释变量进行调整，将资本充足率指标转化为资本与资产比（CAP）这一指标。按照一般的逻辑，系统重要性银行比非系统重要性银行在竞争中更有优势，其风险管理水平也要高于非系统重要性银行。二者在选择调整资本还是调整资产风险上存在差异，选择CAP这一指标就可以看出，不同梯队的商业银行之间选择的差异，以及在不同的资本监管要求下，二者的调整方式，另一方面，更高的风险管理能力以及系统重要性银行在银行业的地位是否会促使系统重要性银行存在道德风险也是这一部分讨论的目标。选取的数据跨度为2013年至2017年。构建的联立方程如下：

$$\Delta CAP_{j,t} = \alpha_0 + \alpha_1 \Delta RISK_{j,t} + \alpha_2 SIZE_{j,t-1} + \alpha_3 ROA_{j,t-1} + \alpha_4 CONS_{j,t-1} + \alpha_5 NON_{j,t-1} \\ + \alpha_6 GDP_{j,t} + \alpha_7 CAP_{j,t-1} + \alpha_8 CARH_{j,t-1} + \alpha_9 CARL_{j,t-1} + E_{j,t}$$

(3.6)

$$\Delta RISK_{j,t} = \beta_0 + \beta_1 \Delta CAP_{j,t} + \beta_2 SIZE_{j,t-1} + \beta_3 ROA_{j,t-1} + \beta_4 CONS_{j,t-1} + \beta_5 NON_{j,t-1}$$
$$+ \beta_6 GDP_{j,t} + \beta_7 RISK_{j,t-1} + \beta_8 CARH_{j,t-1} + \beta_9 CARL_{j,t-1} + S_{j,t}$$

（3.7）

一、系统重要性银行风险调整分析

对系统重要性银行的数据进行描述性统计，如表3.6所示：

表3.6　2007—2012年数据的描述性统计

	N	极小值	极大值	均值	标准差
CAP	38	0.07149	0.09325	0.0842717	0.00489858
DETACAP	38	−0.010637	0.014722	0.00026013	0.005688054
RISK	38	0.56912	0.71701	0.6233118	0.03401851
DETARISK	38	−0.06944	0.04194	−0.0067193	0.02625733
SIZE	38	29.41625	30.81478	30.3366025	0.39675989
ROA	38	0.00502	0.01467	0.0093980	0.00297888
CONS	38	0.11460	0.17200	0.1425842	0.01450934
NON	38	0.00870	0.02400	0.0139000	0.00379964
CARLOW	38	0.00000	0.00000	0.0000000	0.00000000
CARHIGH	38	0.22825	2.19793	1.2777245	0.54987917
GDP	38	40.23278	40.53476	40.3890029	0.09661133

从上表可以看出，剔除空白数据后，剩余的有效数据为38项。在2013年后，系统重要性银行的资本均高于监管资本要求，故CARLOW为零。就算以核心一级资本作为监管指标，我国系统重要性银行的核心一级资本CAP也高于7%的最低要求。系统重要性银行的对数规模均值为30.34，收益率均值为0.94%，并且在收益水平上，最低的为0.5%，贷款集中度较低，均值在14.3%的水平。

因为CARLOW指标恒为零，所以被剔除。根据联立方程（3.6）、（3.7），运用stata进行回归得到结果如下：

表3.7 系统重要性银行的回归结果

	DETACAP			DETARISK		
	系数	标准差	P值	系数	标准差	P值
DETARISK	−0.19604	0.247647	0.429	--	--	--
DETACAP	--	--	--	−2.46904	3.766198	0.512
CAP_t−1	−1.63501	1.193757	0.171	--	--	--
RISK_t−1	--	--	--	−0.82128	0.363532	0.024
SIZE	0.003236	0.00487	0.506	0.011656	0.013793	0.398
CONS	−0.11009	0.158626	0.488	−0.42167	0.317707	0.184
NON	−0.67346	0.355474	0.058	−2.06408	2.712904	0.447
ROA	−1.78969	1.381048	0.195	−6.83016	3.980267	0.086
CARHIGH	0.009555	0.009514	0.315	−0.02807	0.022568	0.214
GDP	−0.00539	0.03054	0.86	−0.03324	0.102982	0.747
C	0.285913	1.223624	0.815	1.683842	3.977712	0.672

从上述的回归结果可知，监管压力对系统重要性银行的影响并不显著，这主要是因为系统重要性银行的资本水平都高于监管资本要求。这也可以看出，在2013年后这一阶段，系统重要性银行的资本调整和风险调整并不会因为监管压力的变化而改变，这就表明中国的系统重要性银行并不会存在第三章所叙述的内评法下的道德风险问题，因为监管的存在，道德风险主要是系统重要性银行利用信息不对称，在资产结构不变的情况下，降低其风险测度参数，以致用较少的资本总量实现满足监管要求的资本充足率。从回归的结果也可以看出，中国的系统重要性银行在资本管理上并不是非常精细，按照《巴塞尔协议Ⅱ》经济资本管理框架，银行对于资本监管要求是敏感的，同时，资本的变化和风险调整之间应当具备显著的相关关系。当时中国并没有全面实施《巴塞尔协议Ⅱ》的框架，就遇到金融危机和《巴塞尔协议Ⅲ》的推出，并没有全面实施精细化的经济资本管理。而全面实施精细化经济资本管理与存在的道德风险密切相关，从这一角度可以看出这一结果的合理性。

宏观经济因素对于系统重要性银行的资本和风险的调整的影响也不显

著，这表明中国的系统重要性银行承压能力强，不管外界的经济环境如何变化，商业银行不需要调整其资本和风险，这也从一个角度反映，系统重要性银行具备较高的资本，吸收损失的能力较强。

贷款集中度指标对于商业银行的资本和风险调整影响也不显著。资产风险的变化对于资本调整的影响，以及资本调整对于资产风险的影响都不显著。资本调整主要受到不良贷款率的影响，当不良贷款率上升时，CAP指标随之下降。同时，上期的资产风险水平是当期风险调整的主要因素，当上期的资产风险水平较高时，商业银行会在当期降低其资产风险。最后，银行规模对于系统重要性银行资本调整和风险调整并没有显著影响。

二、非系统重要性银行的风险调整分析

对非系统重要性银行的数据进行描述性统计，如表3.8所示：

表3.8 2013—2017年数据的描述性统计

	N	极小值	极大值	均值	标准差
CAP	62	0.05149	0.08767	0.0754956	0.00675663
DETACAP	62	−0.011683	0.016889	0.00109449	0.005411460
RISK	62	0.56536	0.74020	0.6564995	0.04337162
DETARISK	62	−0.07858	0.06609	0.0043236	0.02907522
SIZE	62	26.73947	29.41122	28.2623729	0.76005920
ROA	62	0.00439	0.01345	0.0080018	0.00256399
CONS	62	0.10790	0.33240	0.1745306	0.05451390
NON	62	0.00590	0.01740	0.0112419	0.00312769
CARLOW	62	0.00000	1.86571	0.0689476	0.27229859
CARHIGH	62	0.00000	2.22986	0.8479932	0.60110325
GDP	62	40.23278	40.53476	40.3839150	0.09433094

从上表可以看出，有效数据为62项。在2013年后，非系统重要性银行的

资本相较于监管资本要求有高有低,故非系统重要性银行面临资本低于监管要求的压力。非系统重要性银行的对数规模均值为28.26,规模较系统重要性银行小,收益率均值为0.8%,也低于系统重要性银行的收益水平。贷款集中度相对较高,均值在17.5%的水平,最高达到33.24%。同时,不良贷款率的差异也较大。

根据非系统重要性银行数据进行回归,得如下结果:

表3.9 系统重要性银行的回归结果

	DETACAP 系数	DETACAP 标准差	DETACAP P值	DETARISK 系数	DETARISK 标准差	DETARISK P值
DETARISK	0.143831	0.082188	0.08	——	——	——
DETACAP	——	——	——	6.425719	4.462876	0.15
CAP_t−1	0.171659	0.358715	0.632	——	——	——
RISK_t−1	——	——	——	−0.16125	0.238458	0.499
SIZE	−0.00257	0.001622	0.113	0.017551	0.006596	0.008
CONS	−0.02959	0.01925	0.124	0.205291	0.059878	0.001
NON	−0.13747	0.220175	0.532	0.901915	1.555116	0.562
ROA	0.241928	0.267795	0.366	−1.52288	2.3127	0.51
CARLOW	0.003899	0.004116	0.344	−0.0215	0.012395	0.083
CARHIGH	−0.00783	0.003303	0.018	0.040398	0.029244	0.167
GDP	0.023116	0.008943	0.01	−0.14646	0.137123	0.285
C	−0.86219	0.368065	0.019	5.455251	5.353184	0.308

从上述的回归结果中可知,监管压力对于非系统重要性银行而言是具备显著影响的,当银行资本充足率水平高于监管资本要求时,CARHIGH对于资本调整的影响是显著的,此时商业银行会降低其资本水平;而当银行资本低于资本水平时,CARLOW对于资本调整的影响并不显著,这主要是因为非系统重要性银行有较高的融资成本,一般不会采取补充资本来达到监管资本要求这一方式。另一方面,CARLOW对于风险调整的影响是显著的,当资本充足率低于监管资本要求时,非系统重要性银行不会选择补充资本,而

是通过降低风险的方式来提高资本充足率；而CARHIGH这一指标对于风险调整的影响不显著。这也表示，对非系统重要性银行的资本监管要能提高其资本管理水平和风险管理水平，能促使其采用更精细的资本管理策略。

风险调整对于资本调整的影响是显著的，随着资产风险水平的增加，非系统重要性银行会提高其资本水平。随着对而资本调整对于风险调整的影响并不显著，可以发现，非系统重要性银行并不会因为提高了资本，而从事风险较高的业务，在业务开展上较为理性。

银行规模对于资本调整的影响并不显著，而对于风险调整的影响是显著的，当银行规模扩大时，也会推升银行的资产风险。同时，贷款集中度的提高会显著提升商业银行的资产风险。而不良贷款率对于非系统重要性银行资本调整和风险调整的影响均不显著。

宏观经济的变化对于非系统重要性银行资本调整的影响是显著的，当宏观经济向好时，非系统重要性银行会增加资本，符合逆周期的宏观审慎监管框架。

总而言之，从非系统重要性银行的回归结果看，资本监管具有比较好的效果。不仅能促使商业银行提高其资本管理水平和风险管理水平，也能让非系统重要性银行在业务开展上更为理性，注重资本与风险管理的匹配。

三、对比分析

从SIZE这一指标看，系统重要性银行与非系统重要性银行并不是处在一个水平，但是，银行规模指标对于这两者的影响并不是非常显著，特别是对于系统重要性银行。由此可见，系统重要性银行并不会因为其"太大不能倒"的地位，采用激进的风险管理和资本管理策略。

从不良贷款率这一指标上看，系统重要性银行的平均不良贷款率高于非系统重要性银行。同时，不良贷款率对于系统重要性银行资本调整的影响是显著的，而对非系统重要性银行的影响是不显著的。

从风险调整与资本调整的相互作用来看，系统重要性系银行的资本与风险是偏离的，二者之间并没有显著关系，而对于非系统重要性银行，风险调整与资本调整之间的相互作用是明显的，这主要也是因为非系统重要性银行资本补充能力较低，而必须做到更为精细的风险管理措施，这在当期的资本调整中也反映了出来，而对于系统重要性银行，资产风险的变化，并不会使其资本偏离监管要求，所以根本不需要对资本进行调整。

《商业银行资本管理办法》的实施对于非系统重要性银行的影响是显著的，不仅仅促使非系统重要性银行采用风险与资本匹配的理念，更是让其明白了宏观审慎管理的逻辑，用更长远的眼光来看待自身的发展，这也能维持中国的金融稳定。

从上述系统重要性银行和非系统重要性银行的回归结果看，系统重要性银行与非系统重要性银行间的地位却是不对等的。系统重要性银行的收益率水平高于非系统重要性银行，但是系统重要性银行也暴露出了较高的不良贷款率，而在资本补充能力上系统重要性银行要强于非系统重要性银行。资本监管对于系统重要性银行的影响不显著，而对于非系统重要性银行的影响是显著的，所以资本监管应当差异化，高的资本监管要求提高了非系统重要性银行的风险管理能力，但是对于其资本补充能力也是一个考验。对于系统重要性银行而言，1%的附加资本要求毫无压力，监管部门应当注意在严格的资本监管条件下，系统重要性银行利用非系统重要性银行补充资本能力来实行恶意竞争，或者是给系统重要性银行提出更高的附加资本要求。按照《巴塞尔协议Ⅲ》全球系统重要性银行的框架，工商银行属于全球的第二梯队，应当计提3.5%附加资本，在国内的监管上，监管部门也应当对系统重要性银行提出更高的要求。

将资本监管与商业银行风险调整的实证分析分为两部分，一部分是不同监管条件下商业银行风险调整的实证分析，一部分是不同梯队商业银行风险调整的差异分析，研究发现：

较高的监管资本要求确实能约束银行风险。通过第一部分的实证分析，《商业银行资本管理办法》的实施对于整个银行业而言是有正面促进作用的，能显著控制商业银行的风险，并且能提高银行的资本水平，使金融体系更为稳健，并且较高要求的资本充足率监管，确实能约束商业银行的风险行为，并且商业银行会根据上期的资本水平和风险水平指导当期的资本调整和风险调整。

中国的系统重要性银行发生道德风险概率较小。第二部分的实证分析，则是通过将商业银行划分为系统重要性银行和非系统重要性银行进行研究，研究结果表明，资本监管对于系统重要性银行的影响不显著，而对于非系统重要性银行的影响是显著的。这表明系统重要性银行并没有因为监管部门的较高监管资本要求而调整其风险水平和资本水平。监管部门应当坚定地实行差异化资本监管，对不同的银行提出不同的资本监管要求。同时，研究发现，系统重要性银行并不会因为自身"太大不能倒"的地位而采取激进的资本管理和风险管理策略。但是从中也发现了非系统重要性银行和系统重要性银行之间存在补充资本能力的差异，监管部门应当防范系统重要性银行利用这一差异实施恶意竞争。

第4章　宏观审慎框架下资产负债管理指标体系的完善

针对第二章中宏观审慎框架下商业银行资产负债管理指标体系中存在的不足，以及第三章关于资本监管对于银行内部管理的影响，资产负债管理的改进大体有两个维度的改进思路：第一是对现有资产负债管理指标进行改进。由于更高的资本要求，以及高级计量法的推行，可以通过采用经济资本管理理念来实现各业务的精细化管理，从而实现资本的高效利用，以及风险与收益的均衡。第二是针对流动性管理指标进行改进，期限错配在商业银行流动性风险管理中扮演着重要角色，净稳定资金比率指标则可反映中长期（一年以内）的期限错配情况，更具前瞻性，但目前行业内对净稳定资金比率指标的测算是基于资产负债静态数据，具有滞后性，应当对该指标进行盯市修正，使其反映市场波动。

第一节　将经济资本引入资产负债管理指标体系的必要性分析

一、经济资本的内涵

1978年，美国信孚银行创造了风险调整后的资本收益率模型，提出了经济资本这一概念，从那以后各国银行纷纷开始采用经济资本管理方法，与之相关的理论研究也相继开展。

银监会将经济资本定义为："在一定的置信度水平上，一定时间内，为了弥补银行的非预计损失所需要的资本。"经济资本是商业银行根据自身具体情况，通过内部评估计量出来的虚拟资本，并不是真实的资本，它是缓冲非预期损失冲击的资本要求，以此来抵御银行风险突发。

商业银行一般面临的资产损失主要有三个层面：一是预期损失（EL），是商业银行在一定时期内可以预见的损失。在实际操作中，银行采用以往损失数据，通过大数定律等统计方法来进行推断，之后根据估计的预期损失来调整产品定价或通过提取所需的损失准备金来覆盖风险，一般认为是银行的经营成本，并不构成银行真正的风险。二是非预期损失（UEL），是预期损失与异常损失之间的潜在波动值，对于此类潜在风险银行必须加以防范，经济资本即是为了抵御这部分非预期损失而预留的资本，在数值上经济资本等于非预期损失。三是异常损失或称灾难性损失，是一种小概率的极端损失，可能因为战争、动乱或大规模金融危机而引发的极大损失。这类损失一旦发生将超出银行的正常承受范围使其破产倒闭，造成灾难性后果。这部分损失银行一般无法事先做出更有效的准备，只能通过压力测试或情景模拟以及预先制定应急方案来防范。

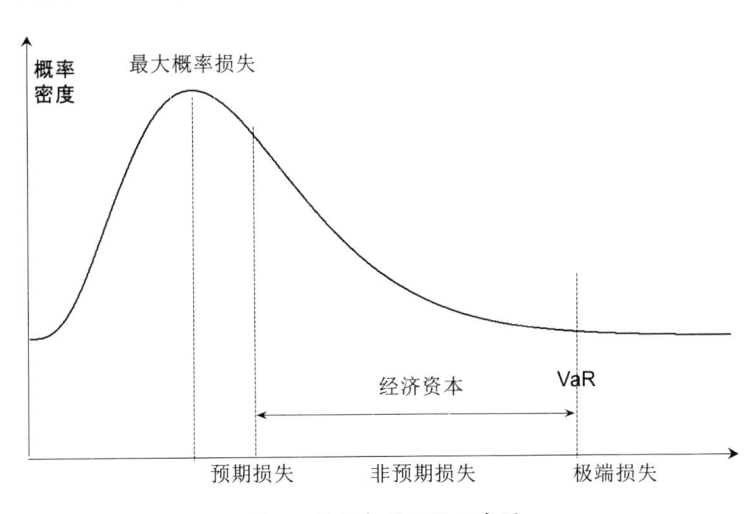

图4.1 银行各层风险示意图

二、经济资本的计量与配置

经济资本的准确计量是银行实施经济资本管理的前提，经济资本的有效配置与绩效衡量是以此为基础的。经济资本计量过程的基础是风险的准确计量，其很大程度上就是银行基于风险管理的价值计量。《巴塞尔协议Ⅲ》在资本要求方面所考虑的风险包括信用风险、操作风险和市场风险三大类。鉴于技术模型、数据来源及人员配备等限制，我国商业银行经济资本的计量对象也主要为信用风险、市场风险和操作风险。从量化技术来看，主要以两种方法展开，一种是从模拟或计算出的损失分布中获取VaR值，然后VaR值减去预期损失得出经济资本占用。另一种是依据一定的损失分布假设，通过计算非预期损失从而计量经济资本占用。

总经济资本计量方法分为自上而下和自下而上两种。自上而下的经济资本计量方法是，银行根据自身实际情况选择合理方法（报表扣除限额法、同业比较法、收益波动法等）初步估算出经济资本总量，另外还需综合考虑股东、经营管理层、外部监管当局等对资本管理与风险承受能力的要求与政策，在分析银行历年实际经济资本需求量与未来发展计划的基础上，对银行本年度需要的经济资本总量进行合理安排与增减调整。另一种方法，也是当前银行采用较多的即自下而上的计量方法。

如上图所示，自下而上的计量方法是指银行从基层各个分支部门、各项资产、各项业务出发，依次对每笔业务、每种风险的经济资本进行计量，然后由下而上进行汇总。不同层级的经济资本占用包括信用风险、市场风险及操作风险的经济资本占用。这种计量方式需要依靠大量的内部计量模型，要求银行掌握每笔交易的信息，且存在单个风险计量组合相关性等问题。相比自上而下的计量方式，自下而上的方法更加科学准确，但其对银行内部风险计量与管理水平提出了更高的要求。

理论上由于各类风险之间的相关性，在计量经济资本总额时，各类风险的分散化效应会导致经济资本总额小于各类风险的简单相加总额。但实际操作中，对各种风险之间相关联数据的获取难以实现，确切估计出不同风险在不同产品和业务之间的相关性比较困难。同时，银行的经营风格与风险承受偏好也会影响对风险相关性的判断。虽然暂时不能精确地估计每个产品或业务之间的相关程度，但银行在计量经济资本总量时都已将内部相关性考虑在内，即综合考虑，即使是简单加总，在计量每笔业务的经济资本占用时也已将相关因素考虑在内。综合考虑，在此暂接受各种风险经济资本简单加总即为经济资本总额的计量方法。

经济资本计量并无统一的标准可以依照，但其核心理念与原理是基本一致的。预期损失的计量可以通过计算资产损失平均值来实现，非预期损失即在给定的概率条件下，扣除预期损失后实际损失的最大可能值。之前已提到VaR是在一定的置信水平下，在确定的持有期内，某个特定的资产或资产组合所面临的最大可能损失，也就是一定置信水平下资产组合损益的下分位数。

我们假设V是指某指定资产组合的价值，V_0是资产组合的初始价值，而$1-\alpha$是风险度量所要求的置信水平，则$VaR_{1-\alpha}$表示只有在概率等于α的情况下，资产组合的损失才会超过这一临界值，即：

$$P(V - V_0 < -VaR_{1-\alpha}) = \alpha$$

又考虑到表示资产价值的损失，上式又可以表示为：

$$P(V_0 - V > VaR_{1-\alpha}) = \alpha$$

资本有成本，银行需平衡风险与收益，确定一个合理的资本水平来覆盖损失。对于超出预期损失的部分，银行根据自身风险容忍程度的不同作了划分。计算出一定概率水平下银行可能遭受的最大损失，对于超出这一概率水平的极端损失银行则不予覆盖。在相应概率水平内可能发生且超过了预期损失的部分就是非预期损失。根据前面提到的VaR的定义，可以发现极端损失就是在给定置信水平下超出VaR值的部分，非预期损失就是VaR超出预期损失的部分。用公式表示即：

$$UL = VaR - EL$$

其中，EL表示期望损失。

经济资本管理另一个重要内容是经济资本的配置，即从各项风险、各项业务、各个分支机构、各种产品、各个客户，甚至各个员工的角度出发，将经济资本进行分配。在确定经济资本限额的基础上，依靠风险调整收益等指标将经济资本合理分配到各个风险点。这种配置必须综合考虑股东收益和经营中承担的风险等因素，并在资本充足率的总体规划之下，制定经济资本分配目标，使银行的风险业务发展与银行的资本水平相适应。经济资本配置并非完全等同于资本的实际投入，在银行内部配置经济资本实质上是风险限额的分配，是确定与风险限额相当的业务或资产总量。

经济资本配置方法主要有以风险为基础的方法、以风险调整后的资本回报率（Risk-Adjusted Return On Capital：RAROC）为基础的方法以及以股东价值最大化为目标的动态最优配置方法。其中以RAROC为核心的资本配置方法逐渐成为当今公认的最有效的经济资本配置手段。其核心思想是：将风险带来的未来可预计损失量化为当期成本，与金融机构的运营成本一道，直接对当期盈利进行风险调整，衡量经风险调整后的收益大小，并且考虑为可能的最大风险（非预期损失）做出资本储备，进而评价衡量资本的使用效益。银行根据各业务单位的绩效考核结果来指导业务决策、配置经济资本。

商业银行经济资本具有支持风险业务和创造价值两大功能，建立商业银行价值管理体系迫切需要实现经济资本的优化配置，通过合理配置经济资本，并将其应用于绩效衡量，银行管理层可以清楚地了解到在风险调整的基础上，超出资本成本真正为银行创造价值的优质客户、部门和产品。经济资本的配置必须在风险和收益之间做好平衡，寻求能够使回报和风险匹配的资产和业务组合，实现价值创造最大化。

三、引入经济资本的必要性

1. 有效避免监管资本套利

对商业银行资本充足率计算的分子分母构成深入分析可知：资本充足率高也许是因为银行进行了资本管理，但是如果商业银行的股东权益/总资产的比率偏低，而该银行的核心资本充足率却非常之高，则意味着该银行很可能进行了监管资本套利。这是因为股东权益包括股本、资本公积、盈余公积、未分配利润、少数股权等等。而核心资本充足率的计算公式为：核心资本充足率=（核心资本—核心资本扣除项）/风险加权资产。核心资本包括：实收资本或普通股、资本公积、盈余公积、未分配利润和少数股权等。因此，理论上讲，核心资本充足率、股东权益/总资产这两个值的主要区别在于分母的计算上。核心资本充足率的分母经过了风险权重加权计算得出，而股东权益/总资产的分母是没有风险加权的总资产。从计算公式上可以得出，核心资本充足率在数值上大于股东权益/总资产的情况应该比较常见。因此，如果银行的股东权益/总资产的比率偏低，而且该银行的核心资本充足率却非常之高，则意味着该银行很可能进行了监管资本套利。这个结论的依据之一是我国银行的资产业务主要依赖于存贷款利差，即传统的贷款利息业务。银行的业务趋同，在贷款的战略投放选择上趋同性就更明显。这就意味着分母的风险权重比例对应的资产相似。所以理论上讲，这些银行即便核心资本充足率、股东权益/总资产各不相同，但是如果银行没有进行监管资本套利，每家银行这两个值的相对趋势应该相近。也即如果一家银行的股东权益/总资产位于银行业平均水平以上，那么其核心资本充足率也应该相对较高。同理，如果该银行的股东权益/总资产位于银行业平均水平以下，则其核心资本充足率也应该较低。那么，如果该银行的股东权益/总资产的比率偏低，但是其核心资本充足率却非常高，则很可能是进行了监管资本套利，即人为地降低了分母的风险资产数值，但是实际风险并没有降低。

根据我国12家上市商业银行的财务报告数据，绘制了下列散点。每幅图的横轴为核心资本充足率，纵轴为股权占总资产的比重，以6%（上述银行股东权益／总资产数据的平均值）作为横向分界线。

根据上文分析可得，越趋近于第四象限（股东权益／总资产偏低，核心资本充足率偏高），代表监管资本套利的可能性越大。从下图我们可以发现，中信银行、北京银行等散点区域均位于第一象限，说明其股东权益／总资产与核心资本充足率都相对较高，符合逻辑预期。相对而言，越是资产规模比较大的银行，越相对趋近于第四象限（如工商银行、建设银行、招商银行、兴业银行、民生银行、浦发银行等）。而且资产规模比较大的银行一般散点相对集中（如工商银行、建设银行、民生银行、兴业银行、招商银行等），资产规模较小的银行则散点区域相对分散（华夏银行、中信银行、北京银行等）。

综合以上图例显示的特征，我们可以得出以下结论：

（1）资产规模越大的银行，进行监管资本套利的可能越大。其原因可能是资产规模越大的银行，越有实力与诸如信托公司等发展业务往来与合作，例如银信合作中的资产证券化等等。因为资产规模大的银行往往营业网点众多，电子网络平台丰富，有利于其发展理财产品等等。资产规模大，涉及的业务范围较广，"摘樱桃"的可能性较大。而且资产规模大的银行很多已经实现了金融控股，例如设立基金、保险等子公司，并表的操作也为监管资本套利提供了可能。

（2）资产规模较小的银行，受经济周期等外界因素的影响波动较大。资产规模较小的银行其核心资本充足率以及股东权益／总资产点集区域相对分散，说明其资产受到外界干扰的波动程度较为剧烈。例如经济周期，中央银行的货币政策变动都可能对其造成巨大的影响。因此小银行更应注重对风险的管理，经济环境好的时候注意多进行利润累积及多计提贷款损失准备金等工作，以发挥平滑利润、抵御风险的作用。

第 4 章 宏观审慎框架下资产负债管理指标体系的完善

图4.2 浦发银行散点示意图

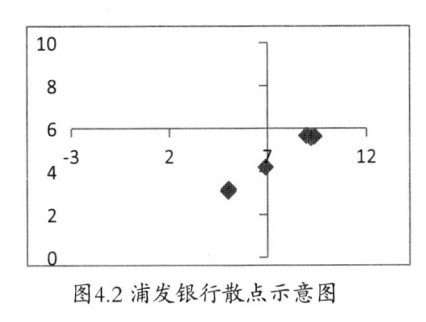

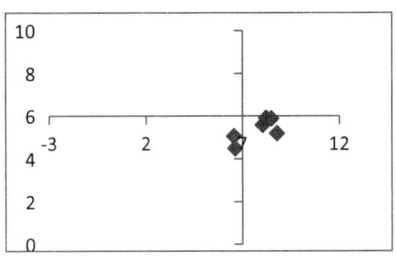

图4.3 招商银行散点示意图

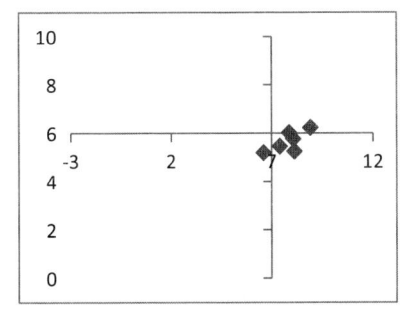

图4.4 民生银行散点示意图

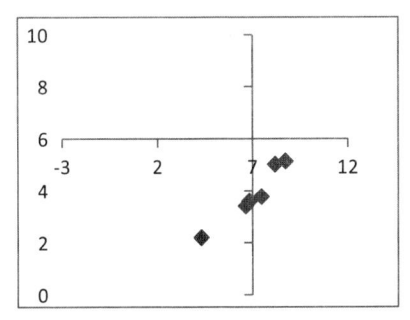

图4.5 华夏银行散点示意图

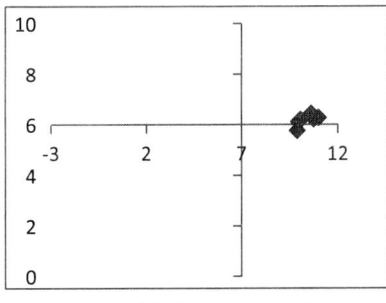

图4.6 工商银行散点示意图

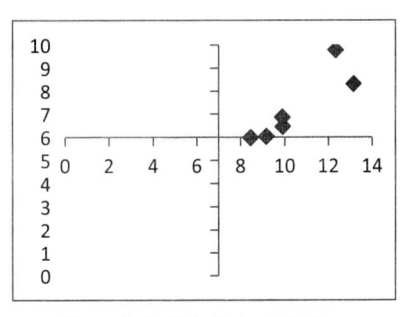

图4.7 中信银行散点示意图

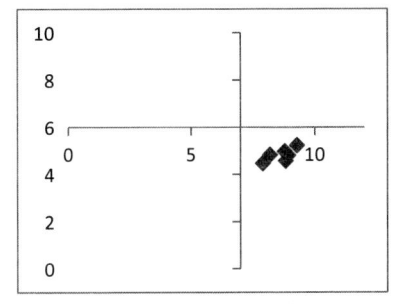

图4.8 兴业银行散点示意图

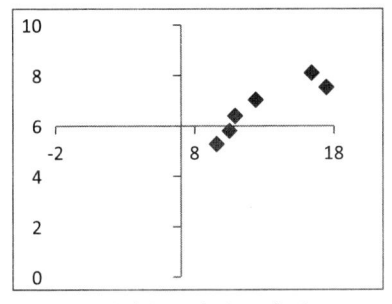

图4.9 北京银行散点示意图

图4.10 平安银行散点示意图

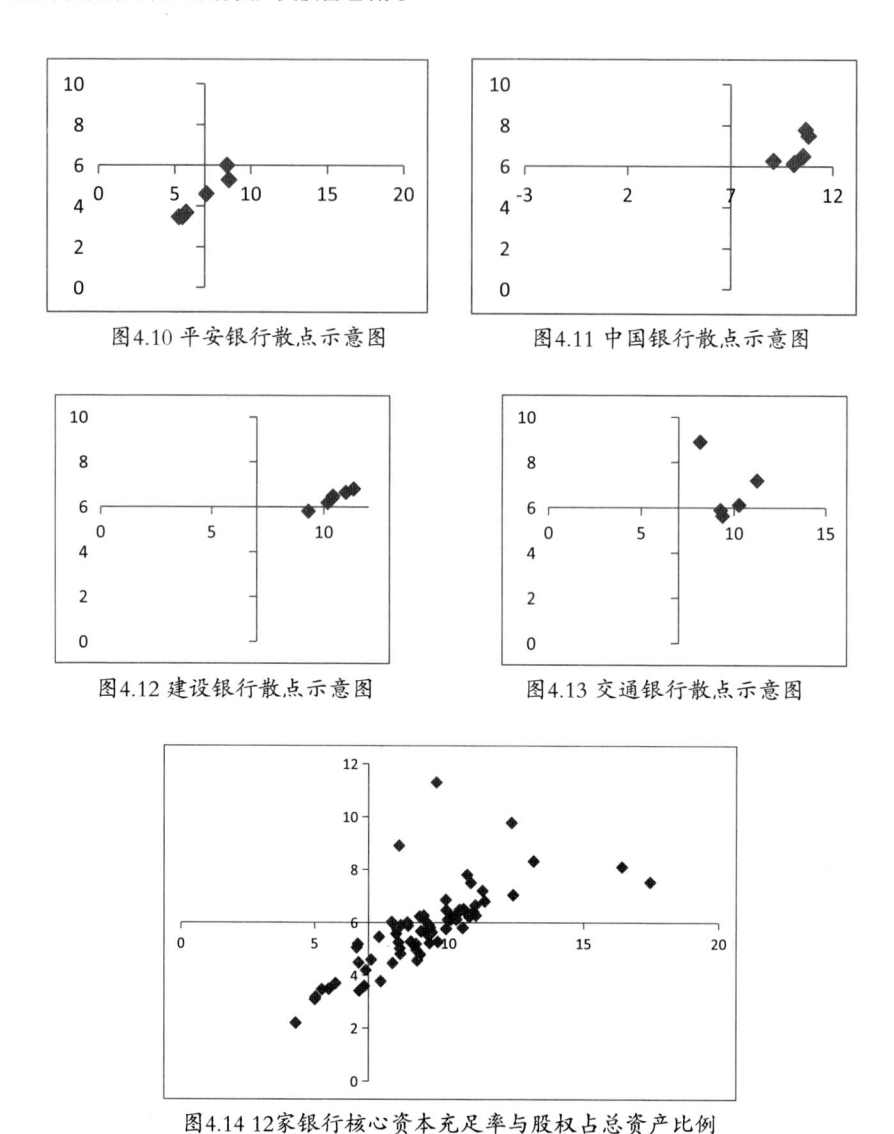

图4.11 中国银行散点示意图

图4.12 建设银行散点示意图

图4.13 交通银行散点示意图

图4.14 12家银行核心资本充足率与股权占总资产比例

（3）图4.14为样本全体的散点图，该图显示有部分数值进入第四象限，说明总体上我国12家上市商业银行存在监管资本套利的可能性。

资本充足率并不是一个神一样的指标，它是评价一家银行整体状况的一个指标，有其局限性，单从比率的高低并不能完全断定银行的资产负债情况。巴塞尔协议规定商业银行的监管资本持有量占自身风险加权资产总量的比重不低于 8%。然而商业银行之间经营管理能力有差别，监管资本并不能完全代表银行实际吸收非预期损失的能力，对于有些优质的商业银行而言，8%的资本充足率要求显得过于保守；相反，对于有些劣质的商业银行而言，由于风险管理能力较差，甚至10%的资本充足率也可能无法有效覆盖风险头寸。

从上文的数据分析可以看出，资本充足率的提高并不一定是银行资本充足水平真正的提高，而是很可能存在监管资本套利的可能性，这就大大降低了资本充足率在监控银行资本水平及加强风险管理方面的重要性。在几乎不降低实际风险的前提下提高资本充足率，或者说在增加实际风险的同时却没有相应减少资本充足率，人为"粉饰"其资本金实力，这就是所谓的监管资本套利。监管资本套利（Regulatory Capital Arbitrage）是金融机构在不违背资本监管制度的前提下，通过某种金融设计，在不改变其实际风险水平的情况下降低监管资本要求的行为。监管资本套利使商业银行的风险并没有得到实质的降低，但是资本充足率却得到了"虚假"的提高，从而粉碎了资本充足监管的初衷，即通过增加资本的比例约束商业银行的风险行为。目前学术界和业界公认的几种监管资本套利方式有："摘樱桃"、资产证券化的直接增信和间接增信、金融创新等等。"摘樱桃"是最古老也是最常见的监管资本套利模式，是指银行通过资产置换等方式向风险权重相对较低、收益相对较高的资产倾斜，以期通过占用相对较少的监管资本获得相对较高的收益。这种宽泛、粗糙的风险权重确定方法，事实上给许多风险不同的资产分配了相同的风险权重，低风险的资产并没有比同一风险权重下高风险的资产更节约资本。在这种情况下，银行往往趋向于将资产置换成各个风险权重范围内风险最高的资产，以期在保持监管资本支出不变的情况下获得最大收益。例如银行趋向于将资产置换为各个风险权重范围内风险最高的资产，例如在50%权重的资产中选择其中风险最高的资产，以便在节约监管资本的前提下获得高收益。显然，监管资本套利可能性之所以存在是因为现有资本充足率分母及风险加权资产的算法存在漏洞。

随着银行业务变得日益复杂多样，传统的管理方式已难以应对，标准法转向内部评级法已是不可避免的趋势。很多银行已经开始运用更为正式的内部评级体系，不仅为了决定是否发放贷款，在分析资本是否充足、贷款损失准备金和对贷款进行定价等方面，内部评级都是关键数据的主要来源。内部评级体系包括进行信用风险评估、内部风险评级规定，违约和损失估价量化的方法、步骤、调控、信息系统以及数据收集的系统。无论是银行还是银行业监管者来对风险进行评估，都会采用相同的风险组成来确定其风险，考虑的都是四大风险要素：违约概率、违约损失率、违约风险暴露以及期限。违约概率（PD）是指借款人不能还款的可能性；违约损失率（LGD）是指借款人违约时银行可能遭受的损失，以百分比来表示；违约风险暴露（EAD）评价的是银行在借款人违约时的风险暴露额；期限（M）是指贷款余额的有效期限。各商业银行可根据自身的风险控制水平选择内部评级法对风险加权资产进行计算，更精准地将资本与风险联系在一起。实施内部评级法，许多银行得到的好处是他们的监管资本减少了。但是，也可能存在一些情况，即银行组合的平均风险相对较高，这样，内部评级法相对标准法而言，其资本要求也可能更高。

自2013年1月1日实施《商业银行资本管理办法（试行）》之后，2014年4月24日，银监会发布消息称近日已核准工商银行、农业银行、中国银行、建设银行、交通银行、招商银行等六家银行实施资本管理高级方法。实施高级法后，要求银行由"干了再算"向"算了再干"转变，将资本约束贯穿于整个管理流程，实现资本管理与信贷管理的有机结合。其核心之一就是要求对风险资产进行细分，不同的风险资产其风险加权系数不一样。高级法可以监控到每笔业务对应的资本消耗，从而使得资本的使用做到"有的放矢"。

2. 引导业务发展创造价值

当前商业银行资产负债管理更多的是依靠资产负债比例指标体系来进

行，在我国商业银行实行的是一级法人制度，资本金集中在总行层面，部分资产负债比例指标只能在总行层面进行监控，对分行的指导与管理作用不大。而经济资本是可以贯穿整个银行上下的，不仅能在总行层面帮助银行制定科学的风险战略实现有效管理，也能在分行层面通过经济资本管理调整产品及业务条线以实现价值创造。

经济资本通过对非预期损失的计量和预测，直接反映了银行的风险状况，并根据管理需要灵活进行分解和合并。经济资本的数量额度和管理机制决定了银行的风险容忍度和风险偏好，通过经济资本在各类风险、各个层面和各种业务之间进行分配，可以清楚地显示不同地区、部门、客户和产品的真实风险水平。在实际中计算特定业务战略所需的经济资本数量，再根据所需经济资本数量建立相应的授信限额体系，并通过控制授信限额体系的执行，将业务风险控制在商业银行确定的风险偏好内，实现资本与风险的匹配，防止业务的盲目扩张，从而推动资源分配机制的不断完善。各大银行根据产品、区域、行业的风险差异，设计与不同对象风险水平相匹配的经济资本分配系数或调节系数，并通过经济资本成本的计量，使风险水平的差异体现在价值创造水平的衡量上。进而通过绩效评价和资源配置，引导分支机构按照风险收益配比原则，进行风险资产在产品、区域、客户等不同维度的安排和调整。另外经济资本考核评价可以用于整个分行、支行层面，反映其整体业绩，用于评价与比较其价值创造能力，从而有利于总行对各分行实施战略计划，最终实现全行价值最大化。

银行在经营管理中如何平衡风险、资本与收益之间的关系，是实现价值创造的核心环节。经济资本管理与风险、资本、收益三个管理模块直接相关，较好地平衡了风险、资本与收益之间的关系，是对风险、资本与收益三个模块框架性的高度整合，可以成为银行内部各部门管理的共同语言和标准。通过风险、资本与收益这三个模块，经济资本管理与价值创造相连，它的最终目标是实现银行价值最大化。因而，经济资本管理是一种以价值创造为理念的管理体系，是通往价值创造之路。

3. 实现风险与效益的平衡

随着国际金融市场的规范和发展，国际商业银行之间的竞争发生了根本性的变化。特别是金融全球化的发展，使商业银行的经营管理理念发生了深刻的变化，商业银行从过去对外部资源的竞争逐步转变为对内部管理与创新的竞争，管理重点逐渐从资产负债管理过渡到以风险计量和风险优化为核心的全面风险管理，而经济资本正是实施全面风险管理的一个重要工具。资产负债管理不仅仅要考虑资产和负债之间的匹配，不是简单地在保持流动性的前提下尽量使利润最大化，而是要考虑风险，通过准确计量各类风险确定经济资本，通过经济资本的分配决定各类资产规模，资产负债的管理目标也相应调整为风险调整后的资本收益率。

RAROC（Risk Adjusted Return on Capital）是指经风险调整后的资本收益率，该体系在风险调整的基础上度量收益，综合对银行各项业务收益和风险两方面进行考虑，将两者纳入了统一的分析框架。其一般表达形式为：

$$RAROC = \frac{风险调整后的净收益}{经济成本} = \frac{收益-资金成本-营运成本-预期损失}{经济资本}$$

RAROC的核心思想认为银行必须在风险与收益之间做好平衡，这一理念得到了银行业界的广泛认同，它已逐步成为当今世界上公认的最为核心、最有效的风险管理方法。

经济资本为银行提供风险和收益相统一的资本配置模式。以风险和收益相统一为基础的经济资本配置方式是从安全与盈利两个角度出发，以达到经济资本配置的最优化。RAROC资本配置模式是将银行获得的收益与其所承担的风险直接挂钩，在此基础上配置经济资本。该方法综合考虑了风险、收益和资本三者之间的关系，根据各个分支机构或业务线风险调整后的绩效决定资本投入的数量，以优化资本结构。因此，以经济资本为基础来实施资本配置比较合理和科学。经济资本约束能促使业务部门对RAROC指标不高的产品和业务及时采取处置措施，通过调整业务结构，力求银行在可承受的风险范围内实现资本收益的最大化。

引入经济资本理念能使资产负债管理建立风险与回报的有机连接，强调资本回报对经营管理的约束，引导财务资源向更具价值创造力的领域倾斜，在不断提高价值创造水平的基础上，增强银行的长远市场竞争能力和抵御风险能力。

四、完善管理指标体系

我国商业银行实行资产负债管理已有近20年的历史，为了实现银行流动性、安全性、盈利性的"三性平衡"，监管机构与商业银行在管理的发展过程中不断地发现与解决问题，力求使管理真正让银行实现总量均衡，结构优化，进而达到最大限度地追求利润的经营目标。现行的比例指标体系经过多年的实践与完善，已经较为成熟，在约束与引导银行经营业务方面起到了不可磨灭的积极作用。但是随着现代金融市场的飞速发展，金融环境的瞬息万变，现行的比例指标体系不可避免地暴露了不少缺陷。近年来，经济资本这一科学的管理理念越来越受到金融业的重视，它在平衡商业银行风险与收益方面的作用毋庸置疑。随着商业银行风险控制水平的不断提高，经济资本管理将成为现代银行核心管理手段之一。

引入经济资本理念建立的指标体系比围绕监管资本建立的指标体系要丰富完备，在管理上的意义与应用范围也要比后者大。在现有资产负债比例指标体系中融入经济资本理念能增强比例指标的适用性，使之前只能对总行进行考核的指标对分支行也能实行监控。更重要的是引入经济资本理念能弥补围绕监管资本建立的指标体系的局限性。尽管巴塞尔委员会提供了精细繁复的资本监管框架，监管资本仍然只是一种相对粗糙的计量方法，在衡量银行承担的真实风险的精确度方面，经济资本优势明显。另外，用这种方法考察的银行资本只能是从风险缓冲器的角度理解资本的重要性，将资本看作损失的补偿准备，因此监管资本对于银行的管理意义就存在局限性。经济资本为银行风险管理与价值创造、实现风险与收益的平衡提供了一条崭新的思路。经济资本为银行提供经风险调整的绩效评估方法。如果没有与业务活动相关的风险量化，也就不可能在风险调整的基础上评价绩效。最初对绩效评估的方法，主要是使用资产收益率（ROA）以及资本收益率（ROE）两项指标，两者主要是以资产价值或以股东权益来评估经营绩效。但是，绩效评估指标必须考虑风险的因素，才能正确反映经营绩效的优劣。与经济资本紧密相关的绩效评估方法RAROC是将风险带来的未来预期损失量化为当期成本，直接对当期盈利进行调整，衡量资本经风险调整后的收益大小，同时考虑为非预期损失做出相应准备的经济资本，以此衡量资本的使用效益。这样，银行的效益与所承担的风险直接挂钩，使绩效考核更为合理。RAROC可以实现银行资源在资产、业务条线、利润中心之间的有效配置，并根据每项投资所使用的资本，对资本成本收费以及风险收益做出比较客观的决策，从而分割利益目标，根据经济收益实施激励。由此使得经济资本不仅是银行真实承担风险的缓冲器，更成为现代商业银行统一风险管理与价值管理的基石。

第二节 资产负债管理指标体系的改进思路

在指标问题分析过程中，我们意识到指标体系存在的不足可以尝试通过引入经济资本理念加以弥补。众所周知，经济资本的本质是风险资本，是银行业务发展中实际承担风险水平的真实反映，将风险与资本相匹配是经济资本理论的核心，体现了银行平衡风险和收益的管理本质，通过经济资本的计量和运用能够有效引导风险防范和价值创造。经济资本成为确定风险控制边界、实现风险管理战略和满足投资者资本回报要求的重要工具，具有重要的战略意义。

运用经济资本理念对上述分析存在局限性的指标进行调整改进的思路如下：

1. 贷款集中度指标

贷款集中度指标一个较大的缺陷就是其适用性不足，应用仅限于总行一级法人层面，无法在全行上下层面进行深入监控。而经济资本的应用范围没有局限在总行层面，它可以深入到银行内部整个系统的各个层面，不仅能帮助银行内部管理更好地实现风险与收益的平衡，更能应用到分支行的具体业务活动中，通过经济资本可以有针对性地对不同地区、不同分支行的业务重点进行科学调整，对业务的开展，产品的开发甚至具体交易的进行都具有很强的引导意义。因此，如果能将经济资本理念成功引入到贷款集中度比例指标，将突破比例指标现存的应用瓶颈，大大提高其适用性，使其不仅能在总行层面对贷款集中度风险进行管控，还能有针对性地具体考核下属分支行的贷款集中度情况，使银行的风险管理更有效地进行，进而更好地保证银行的安全稳健经营。

2. 资本管理相关指标

资本管理是以资本充足率为核心的银行管理重要组成部分。资本充足率作为衡量银行资本充足状况的重要指标在资本管理中发挥着重要作用，但是现阶段资产负债管理指标体系中还只有针对商业银行总行层面进行考核的指标，对分支行资本充足及运用情况并没有具体考核方法。然而，经济资本管理的一个重要优势就是可以帮助银行满足银行在精细化管理方面的要求。基于此，下一章我们将试图把经济资本理念引入资本管理指标体系中，争取参照资本充足率构建经济资本充足率来完善资本管理指标体系，让银行不仅能通过资本充足率掌握总体的银行资本充足水平，还能通过经济资本充足率对各个分支行的资本充足及运用情况进行考核，并根据分支行现期的资本状况决定下期资本限额的配置以及整个银行系统的资本管理策略。因此，我们可以探寻将经济资本管理的精细化特征与资产负债管理有机结合的科学途径。

3. 资本收益率

传统的ROE是依据资产规模或利润的绝对数来进行资源调配的，都不是建立在收益与风险的有效平衡机制基础上，没有真实反映风险状况。银行用ROE考核资源使用效率并据以分配资源，虽然考虑了盈利能力，但忽略了追求利润所需付出的风险代价，在不计量风险的状态下用收益率衡量业绩，会鼓励那些具有高收益率但同时隐藏极大风险的业务无制约地扩张，结果可能导致商业银行在扩张资产和增加收入的同时积累大量风险。而作为经济资本管理的核心工具之一的RAROC使银行将可能的损失与收益结合起来衡量银行的经营业绩，它不同于传统的考核银行赢利的指标。传统指标如股权收益率和资产回报率等最大的缺陷是没有将风险考虑在内。而RAROC能克服传统银行绩效考核中盈利目标与潜在的可能损失在不同时期反映的时间错位问题，实现了业务发展与风险控制的内在统一，在我国商业银行经营业务规模不断扩张的情况下更加具有现实意义。

第三节　流动性管理指标改进思路

影响商业银行流动性风险的因素是多样的，其中最直接的因素可能是由于期限错配、变现能力的变化，抑或是由于信用风险、市场风险、利率风险的提高等其中某一因素或多因素混合作用。《巴塞尔协议Ⅲ》针对商业银行的流动性风险，新提出了两大监控指标，净稳定资金比率（NSFR）和流动性覆盖率（LCR）。净稳定资金比率是用来衡量银行较长期限内可使用的稳定资金来源对其表内外资产业务发展的支持能力，因此NSFR指标可衡量商业银行的期限错配程度，持续监测该指标有助于推动银行保持稳定的资金来源，有效避免商业银行的期限错配程度过度积累，当宏观经济环境发生不利变化，如不良贷款增加、储蓄分流加剧时，减小银行因不能及时获取资金弥补缺口而面临流动性危机的可能性。

  关于商业银行流动性风险，国外的研究可以追溯到Robert（1971）和Bruce（1979）等对流动性度量方法的研究，主要是从资金来源和运用两方面来研究商业银行的流动性。而具有代表意义的是Diamond和Dybvig（1983）提出的DD模型框架，指出商业银行揽存放贷的行为实质上是一种流动性的转换，把高流动性的负债转换成缺乏流动性的资产。随之而来，许多研究基于DD模型展开，包括Kaufman（1994）、Diamond和Rajan（2001）、Goldstein和Pauzner（2005）等。Jacklin和Bhattaeharya（1988）、Coldfajin和Valdes（1997）、Duffle和Alexander（2001）认为流动性风险源于银行挤兑，并从信息不对称的角度出发分析商业银行发生挤兑的可能性。Yoram和Jacob（2008）构建了商业银行流动性管理的静态分析框架，认为商业银行资产配置是商业银行流动性风险的主要因素。国内商业银行发展的时间较短，随着国际金融危机的爆发，关于流动性风险的研究越来越多。刘妍和宫长亮（2010）、钟永红和曹丹蕊（2013）从资产、负债方面筛选出能反映商业银行流动性风险的指标，并利用中国上市银行的样本进行实证分析。沈沛龙和闫照轩（2011）根据巴塞尔委员会的流动性监管框架改进了最常用的流动性缺口测度方法来研究中国商业银行的流动性风险。曾刚和李广子（2013）综合分析了影响流动性风险的内外部因素，提出货币政策、利率变动、以及资产负债结构都是影响商业银行流动性风险的重要因素。李明辉等（2014）分析了货币政策对商业银行流动性的影响，认为货币政策对商业银行流动性的影响因商业银行资本充足率、资产规模的不同而不同。

  廖岷和杨元元（2008）在研究全球流动性风险监管状况时指出，资产负债的期限结构错配是引起流动性风险的主要原因，金融市场的发展使银行流动性监管面临新的挑战，要高度重视银行的流动性风险管理。孙清和陈靖远（2011）指出资产和负债的期限错配是商业银行流动性风险管理中的重要议题，银行利用"短钱长用"的方式经营，很容易由于储户的挤兑从而引发流动性困境。彭建刚等（2014）在宏观审慎框架下通过测算期限错配流动性缺口，识别出存贷款期限错配流动性风险的主要宏观影响因素和微观影响因素，并提出流动性风险管理的相关建议。

通过已有文献的分析，期限错配在商业银行流动性风险管理中扮演着重要角色，流动性缺口、净稳定资金比率指标都可以用来衡量期限错配带来的流动性风险。而流动性缺口指标主要用于分析中短期（90天以内）的期限错配程度，净稳定资金比率指标则可反映中长期（一年以内）的期限错配情况，更具前瞻性，对该指标的持续监测控制更有利于商业银行保持稳定的资产负债结构，减轻突现的流动性压力对商业银行造成的流动性调整压力，但目前行业内对净稳定资金比率指标的测算是基于资产负债静态数据，具有滞后性，拟对该指标进行盯市修正，使其反映市场波动。

第5章　经济资本视角下资产负债比例指标体系的调整

第一节　资产负债管理指标体系的改进

一、贷款集中度指标考核方式的改进

1. 调整贷款集中度指标的指导思想

众所周知，贷款集中度风险是导致银行危机的主要原因之一。贷款集中度风险既与单笔大额信贷暴露有关，又与商业银行各类贷款之间的相关性密切相关，对银行的信贷风险以及经济资本会产生重要的影响。目前国际上分散风险、控制集中度风险的惯用做法就是对风险敞口设定上限，实行风险限额管理。风险限额管理被国内外商业银行广泛使用，成为现代商业银行风险管理的重要组成部分，它是一种事前的有效的风险管理手段，可以体现客户风险限额、行业风险限额和区域风险限额等。在此主要探讨的是客户风险限额，即从微观层面对单个贷款客户和最大十家贷款客户的集中度风险的控制。

国际先进银行的限额体系中，不仅应用名义限额，也采用经济资本限额，形成双线并行的限额管理体系。名义限额使用风险敞口的概念，在实际操作中能够与业务人员的经验和传统管理模式较好地契合，是业务部门和风险管理部门日常主要使用的风险限额。经济资本限额则从风险损失的角度衡

量各资产及其组合的风险承受能力，使限额管理能够与资本管理、风险收益考核等多项管理措施有机结合，支持全面风险管理。

此处重点关注的是经济资本限额管理，传统的名义限额只是表面上的业务数额管理，并没有对业务的风险与收益进行全面的衡量。经济资本是银行计算出来用以覆盖非预期损失的资本，本身就是一种风险资本。而且大量研究表明，贷款集中度风险对经济资本确实存在着重要影响。其中，客户集中风险对经济资本的影响不容忽视，尤其在规模较小的资产组合中表现得更加显著。有学者曾对欧盟大额风险暴露规则所允许的最大集中度的组合进行了实证分析，结果表明，在其他条件相同的情况下，高度集中信贷组合的风险价值（VAR）比一个充分分散化组合高出13%—21%。Gordy（2006）等用德国信用登记系统的贷款数据，比较研究了客户集中风险在不同规模贷款组合下对风险价值的影响。结果表明：对贷款数量超过4000笔的大额信贷组合，客户集中风险会将组合的风险价值提高1.5%—4%，而对数量在1000—4000笔之间的较小规模信贷组合，风险价值可能提高4%—8%。

在标准法框架下，大额暴露的风险权重并没有得到特殊的考虑，其实银行在实际操作中可以根据风险暴露的大小设定不同的参数模型，来凸现大额暴露的风险系数和对经济资本的占用，也可以根据不同的风险模型和系数为大额风险暴露定价，提高大额暴露的风险补价。经济资本约束机制把资本、风险资产和收益联系起来，一定的经济资本支撑了一定的风险资产和收益，而经济资本总量是有限的，其上限就是银行的实际资本，这样银行就不能无限扩张自己的业务资产，风险资产的规模也就会限制在经济资本的支撑范围之内。经济资本系数是经济资本与其所支持的资产的比例，通过为超过一定规模的暴露设置较大的经济资本系数，可以提升大额风险暴露的经济资本占用。所以经济资本约束是控制商业银行大额风险暴露存在的一个有效手段。

通过第三章对客户贷款集中度指标，即单一最大客户贷款比例和最大十家客户贷款比例的分析，现行的资产负债管理指标体系中对客户贷款集中度风险的衡量还停留在总行层面。而银行总分支行的组织架构要求银行内部管理人员不仅要在总行层面对银行风险进行总体控制，对分行及以下银行机构的风险管理也要引起高度重视。单一最大客户贷款比例和最大十家客户贷款比例之所以不能下放到分支行进行考核的关键影响因素是指标计算的分母，即只有总行层面持有的独立资本金，分行无法衡量。而且鉴于各分支行的资产规模与风险承受能力相差迥异，用监控总行的指标标准值直接对不同分支行进行要求显然是不合逻辑的。

因此，综上所述，为提高贷款集中度指标的适用性，通过对分支行其他资产负债管理指标的综合评价，来衡量商业银行各个不同分支行的经营状况与风险承受能力，根据对指标综合评价的得分结果进行直观比较，并划分档次。进而根据分支行的不同档次进行客户贷款集中度指标标准设置，实行差异化标准，并将分支行贷款集中度指标考核调整为单一或十家最大经济资本占用与总行分配给分支行的经济资本限额之比。由此实现单一最大客户贷款比例和最大十家客户贷款比例对分支行的考核，改善比例指标对下级分支行的适用性，更全面地对银行贷款集中度风险进行管控。

2. 贷款集中度指标的改进方法

从中国人民银行规定的九大项指标中选取除资本充足率、贷款集中度指标及对股东比例之外的六大项指标建立综合评价方法。这六大指标分别是存贷款比例、备付金比例、拆借资金比例、贷款质量比例、资产流动性比例以及中长期贷款比例。这六项指标都有相应的临界区间或临界值，但各家银行在具体执行过程中，难免低于或超出允许区间或允许值。因此，在确定各指标临界函数时，考虑到我国银行的实际管理水平，设置了有效定义域。

下面仅以存贷款比例为例说明临界函数的建立过程，而其余五个指标只给出相应的函数。按照中央银行规定，各商业银行的存贷比例应控制在75%以内，由于我国商业银行目前基本上属于规模扩张型，且贷款又是银行主要的资金运用方式，因而该指标的有效定义域可设定为60%—85%之间。

则有：

$$Y_1 = \begin{cases} x + 25 & x \in [60, 75) \\ 100 & x = 75 \\ 850 - 10x & x \in (75, 85] \\ 0 & x < 60 \text{或} x > 85 \end{cases}$$

同理，可以给出其余五个指标的临界函数：

备付金比例：

$$Y_2 = \begin{cases} 20x - 20 & x \in [2, 5) \\ 100 & x \in [5, 7) \\ 240 - 20x & x \in [7, 12) \\ 0 & x < 2 \text{或} x > 12 \end{cases}$$

拆入（出）资金比例：

$$Y_3 = \begin{cases} 100 & x \in [0, 4 \text{或} 8) \\ 50 & x \in (4 \text{或} 8, 6 \text{或} 10) \\ 0 & x > 6 \text{或} x > 10 \end{cases}$$

中长期贷款比例：

$$Y_4 = \begin{cases} 2.5x - 150 & x \in (60, 100) \\ 100 & x \in [100, 120) \\ 400 - 2.5x & x \in [120, 160] \\ 0 & x < 60 \text{或} x > 160 \end{cases}$$

风险加权资产比例：

$$Y_5 = \begin{cases} 100 & x \in [0, 60] \\ 50 & x \in (60, 75] \\ 0 & x > 75 \end{cases}$$

资产流动性指标：

$$Y_6 = \begin{cases} 20(x-10)/3 & x \in [10, 25) \\ 100 & x \in [25, 35] \\ 450 - 10x & x \in (35, 45] \\ 0 & x < 10 或 x > 45 \end{cases}$$

资产负债管理六项指标的重要程度是有差别的，对它们的实际执行结果进行综合评价时应重视他们重要性程度的差异，即权重。本文运用判断矩阵法来确定各指标的权重。设 $N_1, N_2, N_3, N_4, N_5, N_6$ 分别表示各比例指标，我们根据下面的过程确定比例指标的权重。

首先，构造判断矩阵。按十分制比较各项指标的重要程度。判断标准对应的分值如下表所示：

分值	1	3	5	7	9
含义	N_i 比 N_j 同等重要	N_i 比 N_j 稍重要	N_i 比 N_j 更重要	N_i 比 N_j 很重要	N_i 比 N_j 非常重要

根据各指标重要程度对应的分值，建立判断矩阵 $A = (\alpha_{ij})_{n \times n}$，即

$$\begin{array}{c|cccccc} & N_1 & N_2 & N_3 & N_4 & N_5 & N_6 \\ N_1 & \alpha_{11} & \alpha_{12} & \alpha_{13} & \alpha_{14} & \alpha_{15} & \alpha_{16} \\ N_2 & \alpha_{21} & \alpha_{22} & \alpha_{23} & \alpha_{24} & \alpha_{25} & \alpha_{26} \\ N_3 & \alpha_{31} & \alpha_{32} & \alpha_{33} & \alpha_{34} & \alpha_{35} & \alpha_{36} \\ N_4 & \alpha_{41} & \alpha_{42} & \alpha_{43} & \alpha_{44} & \alpha_{45} & \alpha_{46} \\ N_5 & \alpha_{51} & \alpha_{52} & \alpha_{53} & \alpha_{54} & \alpha_{55} & \alpha_{56} \\ N_6 & \alpha_{61} & \alpha_{62} & \alpha_{63} & \alpha_{64} & \alpha_{65} & \alpha_{66} \end{array}$$

其中，α_{ij} 表示 N_i 对于 N_j 的重要程度；$\alpha_{ji} = 1/\alpha_{ij}$；$\alpha_{ii} = 1$。

其次，求权重值。一般而言，各指标项数较少时，可通过行列式 $A - \lambda E = 0$ 求得特征根，然后据以求出各指标权数值。而当指标权数较多时，可用迭代法在计算机上求取权数值。也可以采用方根法求得，首

先计算出矩阵A中各行元素 α_{ij} 的乘积 M_i，即 $M_i = \prod_{j=1}^{n} \alpha_{ij}$（i=1, 2, …, n）；然后计算 M_i 的n次方根 $\beta_i = \sqrt[n]{M_i}$（i=1, 2, …, n）；再次，对 $\beta = (\beta_1, \beta_2, \cdots, \beta_n)^T$ 作归一化处理，即 $W_i = \beta_i / \sum_{k=1}^{n} \beta_i$（i=1, 2, …, n）；最后，检验判断矩阵的一致性，即C.R=C.I/R.I，当C.R< 0.1时，说明判断矩阵具有满意的一致性，此时，W_i 即为各项指标的权数。

综合监控模型就是各项指标临界函数的集合，用公式表示就是 $Y=Y_1+Y_2+\cdots+Y_n$，而 Y_i 又是各项指标的函数，即 $Y_i=F(N_i)$（i=1, 2, …, n），所以，上式又可表示为 $Y = F(N_1, N_2, \cdots, N_n) = F(N_1) + F(N_2) + \cdots + F(N_n)$。考虑到各项指标的权数，则根据此模型所测定出来的综合评价值必须按加权平均法计算，用公式表示为：

$$Q = W_1 F(N_1) + W_2 F(N_2) + \cdots + W_n F(N_n) = \sum_{i=1}^{n} W_i F(N_i)$$

公式中，Q表示综合评价值，其他符号含义同前。

通过上述综合评价模型，我们可以对不同商业银行各个分支行的资产负债管理情况分别进行衡量，得出综合评价分值。再根据分值划分一下档次：

综合评价分值	90—100	70—90	50—70	50 以下
等级	优秀	良好	及格	不及格

各商业银行可根据各分行的管理经营业绩与综合评价的等级对其贷款集中度指标进行区别标准要求。（1）对优秀级银行，其贷款集中度指标值可适当放宽，单一最大客户贷款比例指标值可调整为25%，最大十家客户贷款比例指标值可调整为60%—70%。（2）对良好级银行，可根据央行对各商业银行的要求对分支行进行监控，可允许在标准上给予5%的增幅范围。（3）对及格级别的分支行应严格按照央行规定的监控标准对指标值进行考核，对不符合规定的大额风险暴露不予批准。（4）对不合格银行则应当进行严格的现场与非现场检查，发现问题，及时进行整改，必要时停止其相关风险信

贷业务。

各商业银行在适当调整了不同分支行的贷款集中度指标标准后，再对其指标值进行定期考核。现行的指标计算公式分别是：

单一最大客户贷款比=同一借款客户贷款余额/资本净额

最大十家客户贷款比=对最大十家贷款户发放的贷款总额/资本净额

在对分支行进行考核时，考虑将原有指标进行经济资本调整，采用单一最大经济资本占用与总行分配给分支行的经济资本限额来考量，即：

单一最大客户贷款比=同一借款客户经济资本占用/经济资本限额

最大十家客户贷款比=最大十家贷款户总经济资本占用/经济资本限额

这样就增强了上述两项指标在分支行的适用性。再根据总行对分支行设定的不同监控标准，对指标值进行定期检查，使商业银行能在全行，不仅是总行层面，而且在不同分支机构范围内也达到控制贷款集中度风险的目的。

另外，贷款集中度指标没有规定贷款集中限制的例外情况。如没有将本国或地方政府担保的部分予以剔除；没有对特殊性质的客户或特殊地位的客户贷款区别对待；没有对特殊抵押物下的借款采取例外规定；等等。这与风险控制中风险分散的价值定位不一致。对此我们可以采取贷款集中限制的例外规定。对特殊性质的客户或特殊地位的客户的低风险贷款、特殊担保物下的低风险贷款等采取例外规定。而对于银行自身的内部人员和关联机构的贷款集中，则要区别对待，可设置更为严厉的集中限制指标。

同时，防范客户集中度风险还可以配合资产负债比例指标进行风险限额管理。监管当局对贷款集中度限额或比例限制的规定是商业银行管理贷款集中度的最低标准，商业银行应根据本行的资本实力、客户群体的特点、风险管理能力等，将监管当局的贷款集中度要求分解到具体的行业、区域和客户群，建立一整套风险限额体系，以及行之有效的限额管理组织框架和制度安排，包括限额设定和审批、超限额情形的审批、限额执行情况的监测和报告体系等。

风险限额是商业银行根据本行的风险偏好和资本配置的约束，应用资产组合管理方法，在债项层面（如资产结构、资产质量等）、客户层面（如单一最大客户、集团最大客户），以及各种组合层面（如机构、产品、行业、区域等）设定的授信金额上限。重点关注客户层面的贷款集中度风险管理。

风险限额是根据风险调整后资本收益率（RAROC）的最大化原则，应用资产组合分析模型设定的风险敞口（EAD）或风险价值（VaR）的最高上限。风险限额代表了银行在某一项业务中所能容忍的最大风险，凡在限额以内发生的非预期损失，都可以通过银行经济资本来抵御，超出限额则意味着损失会超过承受能力。限额管理是一种基于风险计量的管理方式，它综合体现了银行的经营战略、政策导向以及资本配置，代表了当今风险管理的专业化、精细化和系统化发展方向。

二、资本管理指标体系的完善

国际金融业的迅速发展使银行业在风险计量、资本管理、组织管理扁平化、专业化这三大方面都有长足进步。它们已经渗透到国际商业银行的各个领域，使银行能在风云变幻的市场中把握收益与风险的平衡关系，能以越来越低的成本推出有竞争力的产品，能在各条业务线进退自如，能持续推动银行市值的长期稳定增长，源源不断为股东创造财富。认真分析不难看出，风险计量是资本管理的基础，而核心是资本管理。

资本管理需要从不同的角度进行考虑。从司库的角度看，他们最关心的问题是通过各种不同的途径获得资本的成本与收益的最大化，因此重点是需要区分银行资本的投资和向各部门的资本配置的差别；从监管当局的角度看，他们最关心的问题是金融体制的安全性、稳健性和公平性，因此他们制定计算资本充足程度的标准方法，并通过日常的监管保证银行持有充足的资本，保护存款人的利益以及银行系统的稳定；从风险管理者的角度看，他们关心的是银行头寸的风险组合表明了怎样的潜在损失，需要多少资本来吸收风险，最后采用科学的方法合理配置资本金；从投资者的角度，他们最关心的是银行及其组成业务所创造的收益的波动率，要求以业务收益的变动性为基础配置资本。

长期以来，在特有的运行机制下，我国银行业逐渐形成了重信贷指标、轻内部管理，重数量增长、轻质量增长的经营特点。随着国际大融合的趋势，管理手段和工具相对落后的国内商业银行面临严峻的竞争和挑战。如何利用技术手段，推行成本精细化管理，降低经营成本，全面提升管理水平，构筑行业竞争优势，成为现阶段银行财务管理的核心内容。

随着《巴塞尔协议Ⅲ》在全球范围内实施，商业银行面临更为严格的资本要求，这也意味着，商业银行需要在现在资产结构和资产规模的基础上，增加资本，这大大提高了商业银行的经营成本。资本质量和数量的提高，迫使银行重视并开发、拓展资本在银行经营中的作用，重视资本成本在经营业绩评估中的地位。

就目前而言，我国已经批准了国有五大商业银行以及招商银行内部评级高级法，这表示商业银行可以采用自己的内部模型对风险进行度量，同时也说明了我国的商业银行的风险管理水平已经正式与国际活跃银行接轨。但是，资产负债比例指标体系在对分支行的风险管理发挥的作用有限，对资本配置和资产结构调整的指导作用有限。资产负债比例指标体系也应当与时俱进，不能成为银行发展的掣肘。

商业银行必须完善资本充足率管理机制，建立以资本充足率为核心的风险管理与绩效考核体系制度。为此，在建立商业银行资本管理体系架构过程中，应以建立经济资本配置机制为目标，强化资本覆盖风险以及资本回报约束的理念，不断完善各类风险量化技术和经济资本管理方法，从而在科学衡量分支机构经营业绩的同时，引导经济资源合理流动和优化配置，促使以资本为基础的财务绩效达到最优。

商业银行的分支行由于存在区位差异，经营的业务类型，发放贷款的规模存在区别。经济资本是为承担风险暴露真正需要的资本,完全反映了有着不同经营管理水平的银行分支行自身的风险特征,它可以从风险的视角对这些分支行在同一水平线上进行考核。对那些注重日常风险管理的分支行而言,只需持有与其风险头寸相匹配的经济资本储备,其他剩余资本完全可以腾出来进行业务扩张,从而提高自有资本的运作效率,获取更大利润。而平时没有注重风险的分支行则可以通过增持资本或收缩业务去消除破产隐患,从而提高自身的安全性。

根据内部评级法,商业银行可以对不同的业务建立模型。首先要计算不同业务部门和各类业务的风险,从而将经济资本在各类风险、各个业务部门和各类业务之间进行配置,并且对包括信用风险、市场风险和操作风险在内的各类风险进行相应的经济资本配置。商业银行已经实施了经济资本管理,在实施过程中,根据各分支行以往的经营情况,设定经济资本限额,分支行在该资本限额内开展贷款业务。设置限额的目的是要让业务所面临的风险控制在可以接受的范围之内,既不能限制业务正常发展,又要对风险形成有效的防控,平衡点的选择是科学性和动态性的有机结合。国际商业银行在最初引入限额管理的概念时,将其主要定位于防范和控制风险。随着经济资本及风险调整资本回报率(RAROC)、经济增加值(EVA)等方法的引入,风险限额管理已不再单纯具有风险防范和控制功能而逐渐成为银行实现发展战略和获取最大化收益的重要管理手段之一。《商业银行资本管理办法(试行)》在2013年1月1日正式施行,按照第二支柱资本要求,监管部门有权根据银行业目前的贷款集中水平调整经济资本计量参数,也就是说,此时,商业银行的经济资本总额以及各分支行的经济资本限额都将发生变化。资产负债管理指标在银行实施内部评级法的时候存在局限性。

鉴于以上分析,近年来,随着经济资本管理的日趋成熟,其在资本管理中已经发挥着举足轻重的作用,进一步将经济资本理念融入银行资本管理与风险控制中是当前银行业需要引起足够重视并亟待完善的重要课题。

根据商业银行完善资本管理机制以及及时调整资产结构的需要，借鉴资本充足率指标的构建，此外，考虑到银行的分支行并没有独立的资本金，引入经济资本充足率指标。

经济资本充足率=经济资本限额/分（支）行风险加权资产

其中，经济资本限额表示总行允许分（支）行在其业务中所能容忍的最大风险，凡在限额以内发生的非预期损失，都可以通过银行经济资本来抵御，超出限额则意味着损失会超过承受能力；分（支）行的风险加权资产等于分（支）行各条业务线根据总行模型测算的资本要求乘以12.5后的和。限额的制定与股东对扩充资本的偏好有关，如果股东并不想扩充资本，那就根据已有的资本额度制定每一分（支）行的经济资本限额。

经济资本充足率是对分（支）行的风险进行考核的一项指标。如果某分（支）行的经济资本充足率偏小，意味着该分（支）行所承担的风险过大。如果分（支）行的经济资本充足率偏大，表明该分（支）行的资产没有得到合理的使用。当许多分支行都出现非理性扩张，风险承担过大的时候，经济资本就会变大，此时就形成一种倒逼机制，股东就不得不选择扩充资本，当然也包括以发债的形式扩充资本。当分支行过于保守，资产没有得到很好的利用，这也就相当于有一部分资本没有得到利用，股东就不能得到比较理想的股权收益。因此经济资本充足率对分（支）行的考核可以成为总行对该分（支）行下期设置经济资本限额的依据。

一个与资本配置直接挂钩的概念是资产结构优化。仅仅凭借经济资本充足率指标并不能知晓商业银行的资产结构是否处于一个较优的水平。因为经济资本充足率偏高，一方面可能是资产的风险过高，另一方面也可能是资产风险并不高，但是业务量较大；同样地，经济资本充足率偏小，也不能说明资产的风险不高，也可能是因为业务量过小。

为了弥补经济资本充足率的不足，这里提出单位资产经济资本的概念。

单位资产经济资本=分（支）行风险加权资产/分（支）行的业务量

以商业银行的贷款业务为例，分（支）行的业务量是发放的贷款总额。这一指标的引入能较好地弥补经济资本充足率的不足，并且能指导总行下期对问题分（支）行的约束，令其调整资产结构，也可以成为对优质分（支）行的激励参考标准。

两个指标配套使用，有助于银行实现资本配置与资产结构的调整。当出现经济资本充足率指标偏高时，假如单位资产的经济资本并不高，表明该商业银行在这期的业务开展过程中审慎对待业务风险，并且在业务量上也超额地完成任务，对于这样的分（支）行，总行首先应当对其进行奖励，提高下期地经济资本限额。如果单位资产的经济资本超出了一般水平，表明该银行在经营过程中对风险的控制不够谨慎，该行的绩效可能就要受到一定的影响，并且在下期的经济资本额度就可能减少，并且勒令其在资产结构上进行调整，收回风险较大的贷款，投放于风险收益较优的业务上，并且重点关注该分（支）行的贷款业务审批程序和风险管理手段的执行。而在经济资本充足率偏低时，各分（支）行的资产没有得到充分利用，此时，同样要考察单位资产的经济资本，如果单位资产的经济资本低，风险管理过于严格，可以根据情况稍微放松授信审批条件。而如果单位资产的经济资本高的话，对该分（支）行要进行全行上下通报批评，因为一方面没有达到业务量要求，另一方面在风险控制上也没有到位，其绩效发放将受到极大的限制。

上面所述经济资本充足率过高、过低，还有单位资产的经济资本高、低等概念较为模糊，下面针对两个考核指标构建具体的评价体系。

首先，假设某采用内部评级法的商业银行，其资本充足率水平为8%，资本为80个单位，此时对应的风险加权资产为1000个单位，股东该期可以扩充资本的额度为10个单位，允许没有充分利用的资本也是10个单位，也就是说下期资本最大额度可以达到88个单位。如果它旗下有4家分行1、2、3、4，总行对于各分行的经济资本限额为15单位、25单位、20单位、20单位。如果每个分行都发放了1000个单位的贷款，相应的经济资本为10、30、24、

20。根据经济资本充足率的计算公式，可以得到：

分行1的经济资本充足率=15/（12.5×10）=0.12

分行2的经济资本充足率=25/（12.5×30）=0.067

分行3的经济资本充足率=20/（12.5×24）=0.067

分行4的经济资本充足率=20/（12.5×20）=0.08

从算例所给的信息中，可以得到相应资本的变化范围为70个单位至90个单位之间。所以，允许分支行的经济资本充足率的范围在［0.07，0.09］之间为合理。根据所有分行的信息，有：

总的风险加权资产=12.5×(10+30+24+20）=1050

需要扩充的资本额度=1050×8%-80=4

从需要扩充的资本看，这种情况在股东的容忍范围内。但是从单家银行的经济资本充足率水平看，除了分行4以外，其他的分行都不在合理范围。但从经济资本充足率水平考虑并不能成为总行调整策略，增减不同分行经济资本限额的依据。如果分行的经济资本充足率没有达到合理区间，这可能是该分行业务拓展能力强，增加了业务量而且资产风险也不高，这一情况应当增加其经济资本限额。因此，接下来考察各分行单位资产的经济资本。

分行1单位资产的经济资本=12.5×10/1000=0.125

分行2单位资产的经济资本=12.5×30/1000=0.375

分行3单位资产的经济资本=12.5×24/1000=0.3

分行4单位资产的经济资本=12.5×20/1000=0.25

同样，根据股东的容忍度区间为［0.07，0.09］，此时对应的风险加权资产的区间为［875，1125］，再根据各分行总贷款发放为4000个单位，正常情况下，股东可以接受的单位资产经济资本为［0.21875，0.28125］。

从上述的情况可以看出，只有分行4是按规定完成了总行的任务并且风险控制也在可接受范围。分行2和分行3，经济资本充足率偏低，而且单位资产的经济资本偏高，这两个分行风险控制不严格，总行对其应采取相应的惩罚措施，并降低这两分行的经济资本限额。分行1就显得过于谨慎，经济资本限额未能充分利用，可以采取一些激励手段，在现有基础上进一步开拓业务。

如果保持信贷总量不变，分行3的信贷金额为1500个单位，分行2为500个单位，经济资本不发生变化。在这种情况下，根据经济资本充足率的计算，各分行的情况并没有发生变化，还是分行1保守，分行2和分行3较为激进，分行4合理。股东的容忍度区间仍为［0.07，0.09］，可以接受的单位资产经济资本也仍为［0.21875，0.28125］。但是分行2和分行3单位资产的经济资本却发生了变化。

分行2单位资产的经济资本=12.5×30 /500=0.75

分行3单位资产的经济资本=12.5×24 /1500=0.2

在这一情况下，分行2和分行3将受到区别对待，拿分行2来说，经济资本充足率过低不在合理区间，而且单位资产的经济资本远远超出了可接受范围，该分行应当在全行范围通报批评，减小经济资本限额，该分行的绩效也将受到影响。而对分行3而言，虽然经济资本充足率低于合理区间，但是它们风险控制方面做得很好，对这样的分行，应当增加其经济资本限额，并提高其绩效。

以上的情况表明，根据构建的两个指标，总行可以根据各分行的情况进行甄别，指导下期的资本配置。类似地，分行可以根据这两个指标对各条业务线的不同情况进行考核，调整业务结构。

通过引入这两个指标，随着资本配置的优化与业务结构的调整，商业银行的资产结构也逐渐发生变化，风险管理模式也逐步向最优水平靠拢。

第二节　新增经济资本管理指标

一、引入风险调整后的资本回报率

经济资本与科学的业绩衡量有着密切的关系，光从经营成果本身考虑是远远不够的，重要的是要了解这些成果是以何种风险为代价取得的。将这些风险折算为成本，再与所取得的收益对照比较，才能科学地衡量一种产品、一个单位真正的盈利能力，从而精确体现出为股东创造的价值。而这正是经济资本系统的基本功能之一，通过RAROC对各部门、分行和各项业务进行评价，既考察了其盈利能力，又充分考虑了该盈利能力背后承担的风险。

RAROC是国际先进商业银行用于经营管理的核心技术手段，它的分子表示的收益等于传统指标的收益扣除了可预期的损失，体现银行的真正收益；它的分母设定为未预期的损失，强调了资本的配置，以此来约束业务经理以高的远期风险来换取高的当期收益，使得收益和成本在时间上得到一致的体现。它改变了传统上银行主要以账面股本收益率考察经营业绩和进行管理的模式，既反映了银行的盈利能力，又充分考虑了银行为此而付出的代价，即盈利提高而导致的风险上升，把风险与收益紧密地联系在一起，实现了业务发展与风险控制的内在统一。

2005年，银监会发布《商业银行市场风险管理指引》，要求商业银行加强市场风险管理，充分识别、准确计量、持续检测和适当控制所有交易业务和非交易业务中的市场风险。《指引》第32条规定：商业银行应当按照银监会关于商业银行资本充足率管理的要求，为所承担的市场风险提取充足的资本。《指引》首次提出经风险调整的收益率RAROC，并对RAROC做了比较详细的说明和介绍。

应用风险调整后的资产收益率指标可以对银行不同经营部门、产品和客户间的收益情况和发生损失的可能性进行比较，从而对银行的经营情况进行科学的衡量。通过RAROC可以衡量银行内部各个部门、不同产品以及针对不同客户的收益大小和资本的使用率。将这些不同经营部门、产品和客户之间的风险状况与盈利性目标进行比较，使商业银行的收益与其所承担的风险直接挂钩，与银行最终的盈利性目标相统一，为银行各个层面的业务决策、发展战略、绩效考核等多方面经营管理提供重要的、统一的标准依据。

如果单笔贷款不能满足RAROC目标，业务人员必须努力发掘各类占用经济资本少的低风险业务来改善业务组合的风险与收益配比关系。在组合层面上RAROC也促使银行通过积极的组合管理，将有限的资源从资产负债表上释放出来，为新的效益更好的业务腾出空间。

RAROC =（利差收入+中间业务收入−资金成本−经营成本−预期损失）/ 经济资本（EC）

经济资本在数量上等于非预期损失，即EC = UL，美国金融机构对其的计算一般采用以历史或经验数据为基础的度量方法。非预期损失的计算公式为：

$$UL = EAD \times \sqrt{PD \times \sigma_{LGD}^2 + LGD^2 \times \sigma_{PD}^2}$$

σ_{LGD}^2 为 LCD 的方差

σ_{PD}^2 为 PD 的方差，在只有违约和非违约的"0 − 1分布"状态下，约概率PD的方差计算公式为：

$$\sigma_{PD}^2 = PD \times (1 - PD)$$

纯粹的资产负债管理已无法与商业银行业务的日益多样化相适应，以风险资本管理为核心的管理框架越来越被大银行所采纳，风险调整的资本收益（RAROC）因此随之而生。

RAROC从技术上体现了两层本质含义：第一，银行以"利润"为追求的最终目标；第二，银行的利润必须是经过风险调整的实际利润。这与目前国内有些银行把规模的简单扩张以及短期的、不经将来风险冲减的"高额利润"作为追求的目标有原则和本质的区别。它表明银行不应以远期的风险换取当期的繁荣,其盈利必须能够始终覆盖所承担的风险,由此解决了传统指标的缺点。

二、算例分析

通过算例分析具体阐述将经济资本管理的核心工具之一RAROC指标引入资产负债管理的重要作用。我们把一个代表风险的随机变量转化为一个实际值的过程称为风险度量。假设X表示随机风险,ρ为风险度量函数,K为风险度量值,则风险度量过程可以表示为:

$$K = \rho(X)$$

(5.1)

VaR在金融风险管理中应用广泛,成为风险度量的一个标准,但Artzner et al.(1999)提出了一致性原则,并指出传统的 VaR 风险度量方法不满足一致性原则,从而使得度量结果不是特别理想,为此他提出了TailVaR 风险度量方法。TailVaR 是用期望值来表示的,它满足一致性原则,风险度量相对于VaR来说比较准确可信。VaR一般只在X服从正态分布的情况下具备一致性。且相对于VaR所能衡量的范围,算例中衡量的是各上市银行整体的RAROC,要求衡量1年时间内的经济资本。由此来看,基于VaR所度量的经济资本不满足于要求。

TailVaR是满足一致性要求,用期望值来表示的新的风险度量方法。

$$TailVaR = E[X|X \geq VaR_\alpha(X)]$$

(5.2)

如果是连续函数,则用积分表示:

$$TailVaR = (1-\alpha)^{-1} \int_{VaR_\alpha(x)}^{+\infty} X f_x(X) dx$$

(5.3)

其中,$f_x(X)$是随机变量X的分布密度。根据公式(1)、(2)知

$X \geq \text{VaR}_\alpha(X)$ 的概率为 $(1-\alpha)$，通过积分我们可以求出随机变量X在概率下在VaR以上的数学期望值，并将其除以概率可以得出X在整个范围内的TailVaR，如公式（5.3）所示。

一般正态分布转化成标准正态分布很容易，因此一般正态分布X的TailVaR就等于均值加标准正态分布Y的TailVaR值与X的标准差的乘积，即：

$$TailVaR_x = \mu + \sigma TailVaR_y$$

（5.4）

根据标准正态分布表可计算出不同显著性水平下标准正态分布的VaR值与TailVaR值（见表5.1），在此基础上根据公式（5.4）便可以求出一般正态分布的TailVaR值。从而求出各金融机构的经济资本，并在此基础上求出RAROC。

表5.1 标准正态分布下的VaR与TailVaR

破产概率（%）	5	1	0.5	0.1	0.05	0.01
VaR	1.6449	2.3263	2.5758	3.0902	3.2905	3.719
TailVaR	2.0627	2.6652	2.8919	3.3671	3.5544	3.9585

算例通过收集各上市商业银行的数据，利用上文讨论的结果进行分析。本算例中的数据是通过整理12家上市银行披露的年报数据而得。由于各银行上市时间与披露统计口径的细微差异，算例中少数几个数据缺失。

我国银行资产呈现逐年上升的趋势，促使利润不断提高，商业银行的利润不大可能服从正态分布。因此，使用资产收益率（Return of Asset，ROA）代替利润，从而剔除资产规模的影响，资产收益率的经济含义为1单位资产经过1年营运后所得的净利润。为了方便分析，算例中假设：（1）样本银行的ROA服从正态分布；（2）各上市银行的资产损失率等于其资产回报率的负值。

在假设样本银行ROA服从正态分布的基础上，利用SPSS对表5.2中数据的显著性进行了单样本t检验。

表5.2 2000—2012年我国十二家上市银行的ROA（%）

	2012	2011	2010	2009	2008	2007	2006	2005	2004	2003	2002	2001	2000
工商	1.45	1.44	1.32	1.20	1.21	1.01	0.71	0.66	0.04	0.04	0.13	0.13	0.13
建设	1.47	1.47	1.32	1.24	1.31	1.15	0.92	1.11	1.24	0.01	0.14	0.19	0.30
交通	1.18	1.19	1.08	1.01	1.19	1.07	0.80	0.74	0.08	0.46	0.16	0.29	0.32
农业	1.16	1.11	0.99	0.82	0.84	0.88	1.09	0.02	0.05	0.06	0.10	0.05	0.01
中国	1.19	1.17	1.14	1.09	1.00	1.09	0.94	0.72	0.60	0.15	0.33	0.30	0.07
华夏	0.94	0.81	0.64	0.48	0.46	0.41	0.36	0.39	0.33	0.32	0.40	0.47	0.58
民生	1.41	1.40	1.09	0.98	0.80	0.77	0.58	0.54	0.46	0.39	0.36	0.47	0.34
平安	0.94	1.04	0.95	0.95	0.15	0.86	0.54	0.15	0.14	0.22	0.26	0.33	0.70
浦发	1.18	1.12	1.01	0.90	1.13	0.69	0.49	0.45	0.42	0.42	0.46	0.61	0.61
兴业	1.23	1.20	1.16	1.13	1.22	1.17	0.70	0.60	0.32	0.38	0.27	0.39	0.37
招商	1.46	1.39	1.15	1.00	1.46	1.36	0.81	0.56	0.52	0.44	0.47	0.52	0.37
中信	1.10	1.27	1.13	0.94	1.08	0.97	0.57	0.58	0.06	0.37	0.42	0.31	0.39

检验结果如表5.3所示，选取的十二家样本银行的数据均显著不为零。

表5.3 各上市银行的ROA单样本t检验

	均值	标准差	t检验值	P值（双尾）	是否显著为零
工商银行	0.00729	0.00572	4.585	0.00063	否
建设银行	0.00913	0.00545	6.041	0.00006	否
交通银行	0.00737	0.00421	6.302	0.00004	否
农业银行	0.00552	0.00497	4.015	0.00171	否
中国银行	0.00753	0.00416	6.527	0.00003	否
华夏银行	0.00507	0.00188	9.666	0.00000	否
民生银行	0.00737	0.00378	7.040	0.00001	否
平安银行	0.00557	0.00360	5.562	0.00012	否

续表

	均值	标准差	t检验值	P值（双尾）	是否显著为零
浦发银行	0.00731	0.00296	8.884	0.00000	否
兴业银行	0.00780	0.00406	6.920	0.00002	否
招商银行	0.00885	0.00433	7.391	0.00001	否
中信银行	0.00708	0.00389	6.544	0.00003	否

上文已假设各样本银行的资产损失率为资产收益率的负值，根据表5.1中正态分布下TailVaR在不同显著性水平下的数据和表5.3中各上市银行的资本回报率的均值和标准差。可以计算各金融机构的损失率在不同可靠性水平下的TailVaR，具体如表5.4所示。

表5.4 各上市银行损失率TailVaR

	损失率均值	标准差	不同显著性水平下的TailVaR		
			99%	99.90%	99.99%
工商银行	−0.00729	0.00572	0.00797	0.01199	0.01537
建设银行	−0.00913	0.00545	0.00540	0.00923	0.01246
农业银行	−0.00737	0.00421	0.00385	0.00680	0.00929
中国银行	−0.00552	0.00497	0.00772	0.01121	0.01414
交通银行	−0.00753	0.00416	0.00356	0.00648	0.00894
招商银行	−0.00507	0.00188	−0.00005	0.00127	0.00239
兴业银行	−0.00737	0.00378	0.00271	0.00537	0.00760
民生银行	−0.00557	0.00360	0.00403	0.00656	0.00869
浦发银行	−0.00731	0.00296	0.00057	0.00264	0.00439
中信银行	−0.00780	0.00406	0.00303	0.00589	0.00829
平安银行	−0.00885	0.00433	0.00268	0.00572	0.00827
华夏银行	−0.00708	0.00389	0.00328	0.00601	0.00831

表5.4中不同显著性水平下的TailVaR代表用期望VaR的方法求得在不同显著性水平下各个金融机构损失率的最大值。TailVaR是从整体的角度衡量金融机构的最大期望损失，而非针对单个风险，这意味着它只是从全面风险管理的角度考察整个金融机构的风险管理问题。

根据表5.4可以求得金融机构任何一年的经济资本。某一年度的商业银行的平均资产与资产亏损率的 TailVaR 的乘积就是该年度金融机构的经济资本估计值。

所采用的数据时间跨度不够长，因而各商业银行资产回报率服从正态分布的假设难以成立，算例中使用了99.99%的可靠性水平对应的TailVaR值以免低估风险。

表5.5 各上市银行2011年、2012年经济资本估算

	2011年 平均资产（百万）	2012年 平均资产（百万）	99.99% Tailvar	2011年 经济资本（百万）	2012年 经济资本（百万）
工商银行	14467745	16509543	0.01537	222436.80	253828.76
建设银行	11426848	12962820	0.01246	142324.91	161455.92
农业银行	4281385	4942278	0.00929	39781.46	45922.30
中国银行	11002394	12431622	0.01414	155609.31	175823.20
交通银行	9793688	10860479	0.00894	87508.27	97040.23
招商银行	1142160	1365951	0.00239	2727.32	3261.70
兴业银行	1971385	2633873	0.00760	14992.33	20030.53
民生银行	992692	1432356	0.00869	8626.27	12446.86
浦发银行	2431677	2900173	0.00439	10679.86	12737.49
中信银行	2114316	2800151	0.00829	17531.29	23218.03
平安银行	2598739	3101595	0.00827	21500.76	25661.16
华夏银行	2303903	2739810	0.00831	19144.84	22767.12

如上所述，经济资本代表用来承担非预期损失和保持正常经营所需的资本。通过假设各样本银行的损失率等于其资产回报率的负值，在此基础上计算出它们的经济资本。在此假设基础上可知各样本银行的预期损失率等于其损失率的算术平均值，从而可得预期损失=平均总资产×预期损失率。根据以上所求的经济资本和相关数据，求得各金融机构2011年和2012年的RAROC如表5.6和表5.7所示：

表5.6　各上市银行2011年RAROC估算

	平均资产（百万）	权益收益率	损失率	经济资本	RAROC
工商银行	14467745	0.0144	0.007288	222436.80	0.46261
建设银行	11426848	0.0147	0.009128	142324.91	0.44739
交通银行	4281385	0.0119	0.007366	39781.46	0.48796
农业银行	11002394	0.0111	0.005516	155609.31	0.39479
中国银行	9793688	0.0117	0.007532	87508.27	0.46650
华夏银行	1142160	0.0081	0.005073	2727.32	1.26769
民生银行	1971385	0.0140	0.007370	14992.33	0.87175
平安银行	992692	0.0104	0.005566	8626.27	0.55625
浦发银行	2431677	0.0112	0.007309	10679.86	0.88596
兴业银行	2114316	0.0120	0.007799	17531.29	0.50660
招商银行	2598739	0.0139	0.008848	21500.76	0.61058
中信银行	2303903	0.0127	0.007076	19144.84	0.67675

表5.7　各上市银行2012年RAROC估算

	平均资本（百万）	资本回报率	损失率	经济资本	RAROC
工商银行	16509543	0.0145	0.007288	253828.76	0.469111
建设银行	12962820	0.0147	0.009128	161455.92	0.447389
交通银行	4942278	0.0118	0.007366	45922.30	0.477197
农业银行	12431622	0.0116	0.005516	175823.20	0.430138
中国银行	10860479	0.0119	0.007532	97040.23	0.488883
华夏银行	1365951	0.0094	0.005073	3261.70	1.812108
民生银行	2633873	0.0141	0.007370	20030.53	0.884898
平安银行	1432356	0.0094	0.005566	12446.86	0.441172
浦发银行	2900173	0.0118	0.007309	12737.49	1.022577
兴业银行	2800151	0.0123	0.007799	23218.03	0.542783
招商银行	3101595	0.0146	0.008848	25661.16	0.695192
中信银行	2739810	0.0110	0.007076	22767.12	0.472167

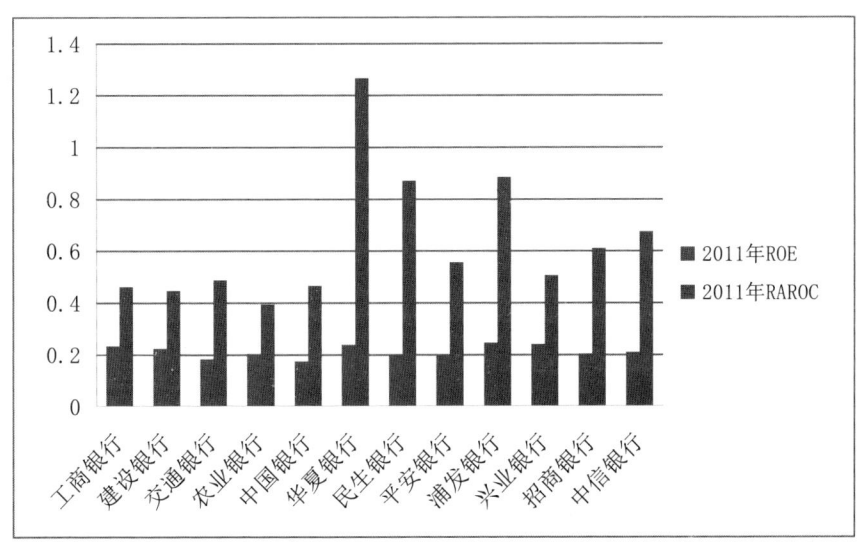

图5.1 2011年十二家商业银行RAROC值与ROE值

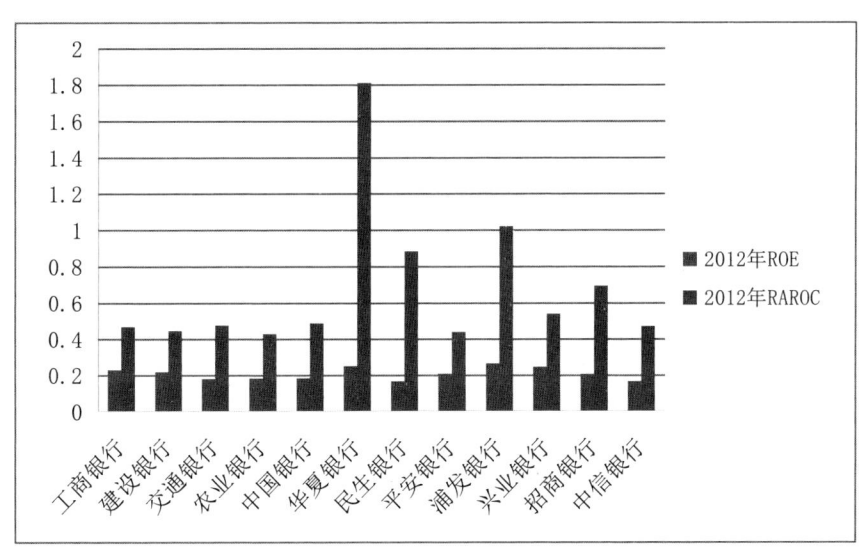

图5.2 2012年十二家商业银行RAROC值与ROE值

上述算例从整体角度估算了各样本银行风险调整后的资本回报率，并结合传统ROE对它们在同一金融环境下的运作效率进行了比较。如图5.1、图5.2所示，RAROC与ROE对银行整体运作效率的评价存在明显差异。

首先，在国有商业银行与股份制商业银行比较分析方面，2011年与2012

年两大类银行ROE关系并不显著，难以得出可信的比较结果。而通过对RAROC值的分析看出，2011年与2012年股份制商业银行的RAROC要高于国有商业银行，说明其面临的风险较低，运行效率较高。股份制商业银行在风险控制与运行效率上灵活性强，通过有效的风险管理与资源配置使银行在风险可控的范围内实现了相对较高的收益。

其次，在对单个银行进行对比分析时发现，以RAROC指标衡量的盈利能力与运行效率和传统ROE的评价结果也存在诸多差异。国有银行资产规模以及经营管理水平上较股份制银行差异较大，而几大国有银行之间各方面的情况相对趋同，对其进行对比分析参考意义较大，多家股份制商业银行也可作类似考虑。因此我们分别对国有银行与股份制银行两大类银行内部进行对比分析。国有银行中以交通银行与农业银行为例，2011年与2012年农业银行的ROE都要高于交通银行，但是在上述算例中，由于交通银行在相同显著性水平下经济资本较小，使得最后估算的RAROC交通银行反而要高于农业银行。在股份制银行中，以招商银行与兴业银行为例，2011年与2012年兴业银行的ROE都要高于招商银行，但是最后估算的RAROC值中，招商银行要高于兴业银行。RAROC在衡量银行盈利能力与运行效率时同时考虑了风险与收益，很好地体现了银行获取利润必须付出的成本，对银行经营管理的指导意义要大于传统ROE。

另外，在具体的单个业务层面的指导意义上，RAROC也具有传统ROE不具备的优势。下面举个简单例子，假设某家银行在某一时期内有三个投资机会选择，分别为X、Y、Z。银行的底线回报率HR（Hurdle Rate）=8.5%，这三项投资对银行股东的预期收益分别为：X（180万）、Y（170万）和Z（160万），该项投资需2000万，银行根据资产对资本10:1的比率分配投资资本，因此，该项投资所需资本C为2000万。则银行会选择预期收益（ER）与投资资本比例即传统ROE大于银行内部底线回报率的投资项目，其中ER是投资期内预期收益，C是投资期内项目投资所需资本。下表说明了银行运用ROE进行的投资决策：

表5.8　ROE指导投资决策示意图

投资项目	ER（万）	C（万）	ROE=ER/C	HR	是否投资
X	180	2000	0.09	0.085	是
Y	170	2000	0.085	0.085	是
Z	160	2000	0.08	0.085	否

从表5.8中可知，如果按照传统的ROE进行产品投资决策，银行会选择投资X、Y。但是这种投资决策忽略了投资对银行的风险不同这一事实。在成熟的金融市场上一价定律是成立的，因此可以判定X投资的风险最大，Z投资的风险最小。

由于X投资比银行当前资产更具有风险性，Y投资与银行当前资产风险水平相当，Z投资的风险小于银行当前资产的风险，因此，根据ROE配置资本，会使银行倾向于投资风险高于当前资产风险的项目X，银行不会投资风险低于当前资产风险的投资Z。这是ROE考核标准最致命的缺陷，它造成我国商业银行错误评估、错误决策，是导致风险积聚的逻辑源头。

表5.9　RAROC指导投资决策示意图

投资项目	ER（万）	EC（万）	ROE=ER/C	HR	是否投资
X	180	2160	0.0833	0.085	否
Y	170	2000	0.085	0.085	是
Z	160	1840	0.087	0.085	是

在RAROC评价体系下，情况截然不同，以上的决策错误也将得到修正。为了便于比较，具体假设X投资需要占用的经济资本额为2160万，Y投资需要占用的经济资本额为2000万，Z投资的对应数额为1840万。上表中，EC是每个投资项目的经济资本数，RAROC通过ER/EC近似估计。结果表明，在考虑了投资项目风险的情况下，投资Y和Z的RAROC大于银行资本的底线回报率HR，因此是可以进行投资的。进一步比较发现，投资Z的

RAROC为8.70%，高于投资Y的8.50%，则Z反而成了最佳选择，银行的战略决策应当向投资Z进行倾斜，将其作为银行未来要重点发展的业务，而投资X的RAROC小于银行资本的底线回报率HR，银行不会选择进行X项目投资。

综上，运用传统指标ROE筛选投资项目有时是损害价值的，而RAROC使风险与盈利综合体现为一个简单数值，很好地避免了这一问题。

首先，从银行总体层面来看，RAROC贯穿于商业银行的各类风险和各种业务，是进行资本分配和设定经营目标的手段，反映着银行真实的收益率。

其次，从资产组合层面来看，RAROC是组合管理的有力工具。银行在考虑单个业务的风险和组合效应之后，主要依据对组合资产的RAROC测算和动态检测，对RAROC指标恶化或有明显不利趋势的组合资产及时采取措施，为效益更好的业务腾出空间，谋求现银行总体在可接受风险下收益的最大化。

再次，从单个业务层面来看，RAROC调整了业务的收益水平，提高了业务经理对该笔业务的未预期损失的重视，同时激励他们对可预期的损失进行冲销。RAROC是业务决策的依据，可以衡量一笔业务的风险与收益是否匹配，同时据以做出业务定价，而不是盲目地以高风险来换取高利润。

所以，从单笔业务评价到整个银行评价，RAROC都提供了一个良好的度量尺度，逐渐成为金融业公认的核心管理手段。因此将其引入管理无疑能丰富传统比例指标体系，加强管理在银行平衡盈利性与安全性的能力。

第6章　宏观审慎框架下商业银行流动性管理指标的改进

根据第四章所阐述的宏观审慎框架下商业银行流动性管理指标的改进思路，重点考察净稳定资金比例（NSFR）指标的盯市改进，使其能反映市场风险的变化，更具风险敏感性。

第一节　NSFR 的测算框架

按照《巴塞尔协议Ⅲ》关于净稳定资金比率的定义：净稳定资金比率=可用的稳定资金/业务所需的稳定资金，其中，可用稳定资金（Available Stable Funding）、业务所需的稳定资金（Required Stable Funding）分别简记为ASF、RSF。稳定资金是指在持续存在的压力情境下，在一年内能够保证稳定的权益类和负债类资金来源，而压力情景也包括严重的信用风险、市场风险、操作风险及其他风险暴露情况下，金融机构在盈利能力和偿付能力方面有明显下降；国家认可的评级机构认为金融机构在债务、交易对手风险或存款方面有潜在的降级；突发事件使投资者质疑金融机构的声望和信用质量。ASF和RSF均采用各类资产负债数据乘以与其相应的ASF系数和RSF系数之和，ASF反映在资产负债表右侧的各项，是金融机构各类资金来源，属于负债项，而RSF则是反映资产负债表的左侧加上表外项目，属于资产项。一般来讲，资产项目中，贷款应按照其剩余期限及借款者的特征（零售客户、小企业客户还是公司客户）确定折算率，其他种类的资产应按照其剩余期限、信用风险及是否可顺利变现等特征来确定折算率。负债项目中，存款应按照其剩余期限和存款者的特征确定折算率，其他种类的负债也需按照其剩余期限和风险大小来确定折算率。按照《巴塞尔协议Ⅲ》的规定，NSFR所涉及的表内数据和表外数据都是静态数据，并不能随着时间的变化而变化，商业银行根据这些数据实行流动性风险管理时会呈现出一定的滞后性。

针对这点，Andreas（2012）构建的关于盯市NSFR的一种度量方法解决了这一问题，将ASF和RSF转变成随着市场价格变化而变化的量，可以反映出资产负债表中资产与银行资产实际的市场价值之间的差异。Andreas主要作了两方面的调整，一是将ASF乘以总负债的账面价值与总负债的现值之比表示新的ASF；二是用RSF乘以总资产的账面价值与资产的市场价值之比表示新的RSF。其中，资产的市场价值可以通过期权定价模型计算得到。在我国，负债的现值并没有披露，该框架在我国将不再适用。结合《巴塞尔协议Ⅲ》以及Andreas（2012）的思路，构建我国商业银行盯市NSFR测算方法，其具体测算框架如下图所示。虽然ASF属于负债项，但也包含了资本，因此在对其进行调整的时候，将ASF比上负债与所有者权益的和作为新的ASF，记为ASF*，同时，将RSF与资产市场价值的比值作为新的RSF，记为RSF*。

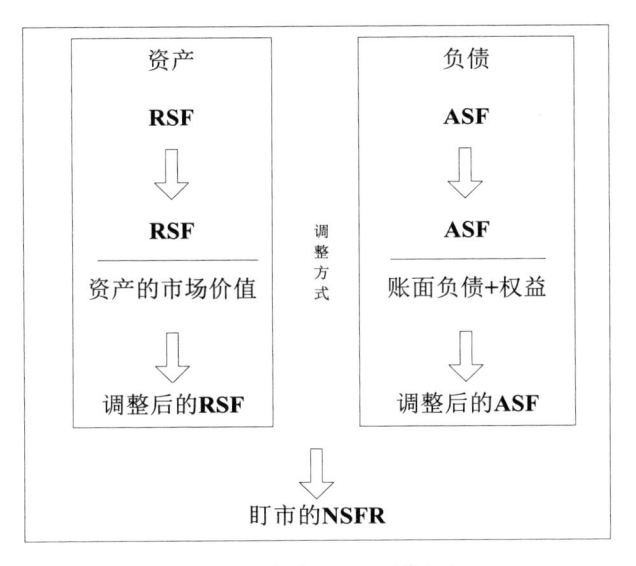

图6.1 盯市的NSFR测算框架

第二节 NSFR 的测算

一、折算率假设

根据巴曙松（2015）所述，目前学术界和银行业界测算净稳定融资比率的数据来源一是银行向巴塞尔委员会上报的用于计算净稳定融资比率的数据，这类数据并不对外公开；二是银行公开的资产负债表数据。基于数据的可得性以及测算框架的需要，此处基于公开资产负债数据以及股票市场数据来展开测算。

折算率可以根据不同的经济形势进行调整，当经济基本面较差时，可以适当降低ASF折算率，提高RSF折算率，当经济基本面较好时，则反之。由于我国商业银行目前并没有完全吻合《巴塞尔协议Ⅲ》NSFR测算框架的财务数据，因此，结合可获得的数据以及巴曙松等（2015）的假设方法，对我国商业银行各类项目的折算率做出具体假设，RSF和ASF的折算率如下表所示：

表6.1 银行资产负债表项目折算率假设

资产及表外项目	RSF 折算率	负债项目	ASF 折算率
1. 现金	0	1. 客户存款	
2. 银行同业贷款	0	（1）短期存款	90%
3. 净贷款		（2）定期存款	95%
（1）住房抵押贷款	65%	（3）中长期存款	95%
（2）其他抵押贷款	85%	2. 银行同业存款	0
（3）其他零售贷款	85%	3. 其他存款及短期类融资	
（4）对公贷款	85%	（1）剩余期限小于6个月	0
（5）其他贷款	85%	（2）剩余期限为6个月至1年	50%
3. 证券类资产		4. 长期融资（期限大于1年）	100%
（1）一级证券	5%	5. 衍生品类负债	0
（2）二级证券	50%	6. 交易类负债	0
5. 其他资产	100%	7. 其他负债	0
6. 表外项目	5%	8. 资本	100%

二、盯市NSFR的测算

1. 比例假设

拟对所有上市银行的盯市NSFR进行测算，数据区间为2011年一季度至2016年一季度[①]。从原始数据中，我们发现在客户存款科目下，上市银行的报表数据并没有短期存款和长期存款之分，仅有吸收存款数据；而在贷款科目下，数据仅包含发放贷款及垫款，根据测算需要进一步假设。

依据中国人民银行所公布的金融机构本外币信贷收支表，其中包含整个银行业中活期存款、定期存款，短期贷款和中长期贷款的数据，根据这些数据对各上市银行中短期存款以及短期贷款占比进行适当的假设。

---

① 数据来自WIND数据库。

我们知道，ASF折算率主要是指在压力时期，相对稳定的资金中能用作流通的比例。稳定的资金来源可以包括所有存款中的稳定部分。根据人民银行公布的月度数据，选取各类存款中年度最小值作为稳定存款，进而得到稳定存款占各项存款的比重来近似各商业银行中稳定存款的比重。从2011年至2015年，银行业各项存款中稳定存款的比重分别为91.3%、90.8%、91.9%、92.4%、91.4%。因此不妨假设各商业银行中稳定存款占存款的比重为90%，剩余的10%则为短期存款。

从折算率假设中，可以看出住房抵押贷款的折算率较低。在数据处理过程中需要从原始数据中将住房抵押贷款部分提取出来。根据人民银行公布的银行业数据，可以用住户中长期贷款中的消费贷款占比来近似。选取年度各月份数值最小的住房贷款数据所占的比重。2011年至2015年，银行业各项贷款中，住户中长期消费贷款占比分别为12.03%、11.99%、11.93%、12.77%、13.07%。因为住房抵押贷款的折算率较低，从审慎角度出发，不妨假设住房抵押贷款所占的比重为10%。

2. 基于B-S公式的商业银行市场价值

按照盯市NSFR的测算框架，资产的市场价值的确定是关键。Andreas采用非参数估计的方法来计算资产的市场价值，本文拟根据Black-Scholes公式计算得到。计算资产价值及其波动率是通过求解下面的联立方程：

$$S = VN(d_1) - e^{-r}DN(d_2)$$
$$\sigma_S = \frac{VN(d_1)}{S}\sigma_V$$

（6.1）

其中，S为股票价格；σ_S是股票收益率的波动；V是银行的资产价值；σ_V是资产价值的波动率；D是银行的账面负债；$N(d_1)$是以d_1为参数的标准正态分布的累积函数；r是无风险利率。

选用2016年一季度16家A股上市商业银行日收盘价、总负债、总股数等数据，根据日收盘价计算每一家上市银行的收益波动率。

上市银行的日收益率 $\mu_t = \ln P_t - \ln P_{t-1}$，$P_t$ 为该日的收盘价。

收益率的年波动率 $\sigma_s = \sqrt{250}\sqrt{\frac{1}{n-1}(\mu_t - \overline{\mu})^2}$，按250个交易日计算，$n$ 为样本大小，$\overline{\mu}$ 为收益率均值。

股票价格S，采用每日收盘价的样本均值表示；2016年一季度的金融机构存款利率1.5%作为无风险利率。将计算所得数据代入方程组（6.1），通过matlab7.1编程求解出银行的资产价值及资产价值波动率（如表6.2所示）。

表6.2 16家上市银行资产价值与波动率计算结果

银行	总股数	日均收盘价（元）	负债总计/总股数（元/股）	收益波动率	资产价值（元/股）	资产价值波动率
平安银行	1.43E+10	10.33949	174.2709	0.305555	182.0158	0.017357
宁波银行	3.9E+09	13.00390	196.6454	0.402001	206.7154	0.025339
浦发银行	1.97E+10	17.00374	248.2896	0.362197	261.595	0.023551
华夏银行	1.07E+10	9.97508	182.6448	0.33899	189.8999	0.017813
民生银行	3.65E+10	8.71051	123.3741	0.282094	130.2478	0.01887
招商银行	2.52E+10	15.56186	200.3181	0.284418	212.8975	0.02079
南京银行	3.37E+09	15.44644	271.0674	0.358611	282.4775	0.019612
兴业银行	1.91E+10	15.10305	269.6333	0.253738	280.7294	0.01368
北京银行	1.27E+10	9.86729	140.7056	0.314377	148.4781	0.020892
农业银行	3.25E+11	3.08051	52.80384	0.221028	55.10441	0.012421
交通银行	7.43E+10	5.49373	92.20653	0.293633	96.32747	0.016746
工商银行	3.56E+11	4.20797	58.94747	0.206183	62.28606	0.013994
光大银行	4.67E+10	3.66983	69.8617	0.30327	72.49143	0.015353
建设银行	2.5E+11	4.90169	70.53117	0.234742	74.38429	0.015487
中国银行	2.94E+11	3.38203	53.11705	0.265506	55.70828	0.016121
中信银行	4.89E+10	5.85686	105.1846	0.359377	109.4754	0.019227

注：在季度数据中，商业银行的股数会发生变化，依据总市值并不会随股数的变化而变化，用股数变化前的市值除以季度末的股数作为与市值对应当日的股票收盘价，进而再计算日均收盘价和收益率波动。

3. 测算 NSFR

依据前一部分计算得到的资产市值，结合折算率、稳定存款、稳定贷款的比例假设可以进一步计算2016年一季度各商业银行的盯市NSFR，与按照《巴塞尔协议Ⅲ》的规则所计算的NSFR进行比较。测算结果如下表所示：

表6.3 16家上市银行盯市NSFR的测算结果

银行	ASF	RSF	NSFR	ASF*	RSF*	NSFR*	变化值
平安银行	1.94E+12	1.43E+12	136.0%	0.72	0.55	131.2%	−4.8%
宁波银行	4.73E+11	2.61E+11	181.4%	0.58	0.28	205.0%	23.6%
浦发银行	3.18E+12	2.36E+12	135.2%	0.61	0.47	129.9%	−5.3%
华夏银行	1.42E+12	1.15E+12	123.7%	0.68	0.56	121.1%	−2.7%
民生银行	3.00E+12	2.45E+12	122.6%	0.62	0.54	115.6%	−7.0%
招商银行	3.76E+12	2.95E+12	127.7%	0.69	0.57	121.7%	−6.1%
南京银行	6.50E+11	3.44E+11	188.9%	0.67	0.31	213.9%	25.0%
兴业银行	2.57E+12	1.84E+12	139.3%	0.47	0.35	133.7%	−5.6%
北京银行	1.11E+12	9.23E+11	120.7%	0.59	0.49	119.3%	−1.5%
农业银行	1.49E+13	1.04E+13	143.2%	0.81	0.61	131.7%	−11.5%
交通银行	4.94E+12	4.75E+12	104.0%	0.67	0.70	95.7%	−8.3%
工商银行	1.80E+13	1.38E+13	130.0%	0.79	0.67	117.9%	−12.1%
光大银行	2.24E+12	1.68E+12	133.6%	0.64	0.51	124.7%	−9.0%
建设银行	1.53E+13	1.17E+13	130.3%	0.80	0.67	118.6%	−11.6%
中国银行	1.30E+13	1.01E+13	127.8%	0.76	0.66	115.8%	−11.9%
中信银行	3.51E+12	2.58E+12	136.1%	0.64	0.50	127.8%	−8.3%

综合来看，NSFR*实际上就是在《巴塞尔协议Ⅲ》的框架下，加入了资产市场价值的一个修正。然而，正因为考虑了市场波动以后，商业银行的市值存在一定的增值或贬值，致使整体资产市场价值会低于或者高于账面总资产，而偏离的程度受到收益率波动的大小以及日均收盘价的影响，进一步影响NSFR*较NSFR的变化值。我们可以看到交通银行的NSFR正好是在100%临界点附近，考虑了商业银行的市场波动后，其NSFR*低于

100%的监管红线。另一方面，从上表的数据可以看出，最大负向偏差达到12.1%，由于银行高负债运行的特点，该偏差会对银行造成资本压力，经计算这一偏差的资金数额达到资本的115%，也就是说，单从资本角度上看，银行要保持原来的NSFR，至少增加115%的资本或降低相应比例的RSF才能实现。

第三节 商业银行流动性影响因素分析

一、基本思路

在《巴塞尔协议Ⅱ》微观审慎的基础上，《巴塞尔协议Ⅲ》加强了宏观审慎监管，强调对系统重要性银行的监管以及对系统性风险的防范。基于此，在选择NSFR的影响因素时，同时将宏观因素和微观因素纳入影响变量之中。综合而言，所选的内部因素中包括了商业银行营运能力、资产规模、资产的质量以及资本质量。同时，外部影响因素主要包括一国经济的增长情况、中央银行货币政策的变动等。具体而言，所选的指标包括：选取国内生产总值同比增长率（GDPR）、货币供给量增长率（M2R）、法定存款准备金率（DRR）、一年期贷款利率（LR）、不良贷款率（NLR）、资本充足率（CAR）、贷款拨备率（ILR）以及总资产收益率（ROA）作为解释变量。由于我国的商业银行从2013年开始采用新的方法来计算资本充足率，因此选取从2013年一季度至2016年一季度这一时间区间的数据来进行分析。另外，根据商业银行各指标数据的完整性，在16家上市银行中剔除宁波银行、北京银行、南京银行三家城市商业银行以及浦发银行。下面对12家上市银行流动性影响因素进行分析。

构建基本回归模型如下：

NSFR*=Const+b1*GDPR+b2*m2R+b3*DRR+b4*LR+b5*NLR+b6*CAR+b7*ILR+b8*ROA

二、回归结果与分析

为了考察上述影响因素对银行业、国有商业银行、其他股份制商业银行的影响情况，将回归过程分为几个方面：（1）采用所有样本数据按照上述回归模型进行分析；（2）采用国有商业银行包括工农中建交五大行在内的数据进行分析；（3）除国有银行外的商业银行的影响因素分析。

对数据进行整理后，采用STATA对上述方程进行回归分析，回归结果如下表所示。按照模型设计思路进行回归的方程中可知，不管是商业银行整体，还是国有银行，抑或是其他股份制商业银行的模型拟合优度都较低，整体回归结果的拟合优度仅有0.0955。按照该思路进行回归对于商业银行流动性的解释力度不够，同时，在整体回归和其他股份制商业银行的回归中，仅资本充足率指标显著，但是，符号为负，这意味着在其他条件不变的情况下，资本充足率越高，商业银行的流动性越低。另一方面，对于国有商业银行而言，仅不良充足率指标对商业银行流动性的影响表现为显著，但是该指标对于流动性的影响为正，当期不良率越高，国有商业银行的流动性越高，回归结果与实际情况不符。因此，需要对回归方程进行调整，剔除不显著因素，直到解释变量在10%的置信水平内显著为止。

表6.4 面板数据回归模型估计结果

解释变量	整体	调整后	国有商业银行	调整后	其他股份制银行	调整后
CAR	−2.92088** （−2.2）	9.5431*** （28.58）	−1.58044 （−0.72）	3.084397*** （3.00）	−4.17443** （2.15）	3.882647*** （3.31）
m2R	−0.54034 （−0.64）	3.9259*** （3.14）	−2.18373* （−1.86）	−2.064742* （−1.82）	0.793504 （0.69）	2.119228* （1.78）
ILR	0.027183 （1.22）		−0.04119 （−1.03）		0.052866 （1.30）	
ROA	−0.8716 （−0.19）		4.266599 （0.67）		−5.63899 （−0.89）	

续表

解释变量	整体	调整后	国有商业银行	调整后	其他股份制银行	调整后
NLR	7.491055 （1.16）		22.41606** （2.64）		12.12206 （0.74）	
GDPR	0.012354 （0.1）		−0.01716 （−0.09）		0.067193 （0.40）	
LR	−1.79503 （−0.35）		−4.66888 （−0.37）		7.661678 （0.71）	
DRR	0.406713 （0.22）		9.923041 （1.61）	4.691428*** （6.45）	−6.29402 （−1.09）	4.696316*** （6.01）
_cons	1.53566*** （6.68）		−0.34728 （−0.51）		2.198198*** （3.35）	
F-statistic	1.94	2660.71	2.59	2320.32	1.74	2252.57
R-squared	0.0955	0.9719	0.2698	0.9912	0.1454	0.9871

注：***、**、*分别表示在1%、5%和10%的水平下显著。

从上表可以看到调整后方程中各因素对于商业银行流动性的影响均在10%的置信水平下显著。同时，从回归结果的拟合优度可知，拟合效果较好，R-squared的值均在0.97以上，意味着所选的影响指标能较好地解释对商业流动性指标NSFR*的影响。

从整体、国有商业银行和股份制商业银行调整后回归结果上看，资本充足率对商业银行流动性的影响是正向的，资本充足率越高，不管是整体、国有商业银行还是股份制商业银行的流动性就越好，这是明显的，因为资本项目在NSFR*指标中属于分子是可用资金项目，资本的提高，增大了可用资金，商业银行的流动性也随之提高。对于资本充足率的影响，从上表可知在整体回归中表现更为突出，商业银行整体增加1%的资本充足率水平，银行业整体流动性将增加9%。而资本充足率对国有商业银行和股份制商业银行流动性影响之间差异不大。

法定存款准备金率对于银行整体的影响并不显著，而法定存款准备金率对国有商业银行和其他股份制商业银行流动性的影响显著，且为正向影响，即存款准备金率调高能提高商业银行的流动性水平。从理论上讲，上调法定存款准备金率，会减小商业银行的流动性，因为存款准备金率上调会使该时点商业银行在中央银行的超额存款准备金减少，也就意味着NSFR指标中可用资金变少。但同时，法定存款准备金率的提高也促使商业银行调整优化信贷结构。商业银行为了维持稳健经营，应付客户日常取现及贷款的需求，就会调整其资产结构，增加流动性高但收益率低的资产，这能增强商业银行的流动性。这就是存款准备金率上调对商业银行流动性影响的理论调整过程。根据过程的分析，上调存款准备金率对商业银行即时的影响应是流动性的紧缩，但是从一段时间后看，对商业银行流动性的影响是不定的，可能降低，也可能增加。回归结果显示，存款准备金率对于商业银行流动性的影响应是正向的，即便是在整体未调整的回归方程中，存款准备金率的系数也为正，不过并不显著。因此，法定存款准备金率的调整可以作为调控商业银行流动性的一种手段。

　　货币供应量增长率对于商业银行整体、国有商业银行、其他股份制商业银行的影响不完全一致。对于整体而言，货币供应量的增长能为银行业带来流动性的增加。对于其他股份制商业银行，货币供应量的增长同样也能带来流动性的增加。而对于国有商业银行而言，货币供应量的增长会对商业银行流动性带来负面的影响。按照银行贷款创造存款的逻辑，存款是货币供应量的主要构成部分，货币供应量增速较高往往也意味着银行信贷增长较快，贷存比与货币乘数也都会相应上升，商业银行流动性减弱。但是处于目前"资产荒"的特殊时期，商业银行的贷款投放换来的是更高的不良贷款率，尤其是具有职能作用的国有大型商业银行，而其他股份制商业银行相对较小。不良贷款率高会降低商业银行流动性，使贷款投放更为谨慎，收缩信贷，因此，所需的资金量变小，净稳定资金比率升高。

　　商业银行的流动性随着市场的变化而变化，净稳定资金比例也同样会随着市场波动，采用资产负债表的静态指标对于净稳定资金比率的测算具有滞后性，通过对资产价值的盯市修正使净稳定资金比率指标反映出当时的市场波动。通过盯市修正，发现考虑市场波动后的净稳定资金比率与未考虑前的净稳定资金比率相比波动性更强，同时，考虑市场波动的风险后，商业银行的净稳定资金比率可能会变小，以至于出现不满足监管要求的情况。因此考虑市场波动的净稳定资金比率能让监管当局更好地把握商业银行的流动性风险。

通过进一步对影响商业银行流动性风险的因素进行分析，资本充足率对于商业银行流动性的影响是正向的，资本充足率越高，商业银行的流动性越高。因此，商业银行自身可以通过扩充资本的方式来维持商业银行的流动性，但是通过该方式提高商业银行的流动性显得成本很高，因为净稳定资金比率较小的变化就需要较多的资本进行补充。由于净稳定资金比率体现了商业银行中长期的期限错配程度，商业银行通过扩充资本可以缓解自身的期限错配风险。

此外，央行可以通过调整法定存款准备金率和控制货币供应量水平的方法来影响商业银行的流动性。适度地提高法定存款准备金率可以促使商业银行改善资产负债结构，审慎发放贷款，维持稳健经营。增加货币供应量能增强整个商业银行的流动性，但是也需注意，因为国有银行体现出来的职能作用及其目前的不良贷款率的提高，现阶段货币供应量的增加会对国有商业银行的流动性带来负面影响，在调整货币供应量时需更加慎重，合理控制货币供应量增速。

第 7 章 利率市场化下商业银行敏感性缺口管理研究

有人曾把银行的收入用"高利贷,乱收费,外加拉皮条"来形容,表示对银行企业的不满,其中所谓的"高利贷"就是银行通过比较低的价格来吸取客户的资金存款,但是却通过高额的利率来发放贷款,从中赚取利差,当然银行在这其中是承担着一定程度的风险的,比如不良的贷款给银行带来的巨大损失;而"乱收费"就是通过各种手续和佣金不断克扣用户的资金,当然银行是为了维持他整个机构的运作;"拉皮条"便是通过撮合资金供给方和需求方,派发大量的理财产品。但是好景不长,随着被人诟病的乱收费问题被社会媒体抨击、被政府严厉查处,以及支付宝、微信等第三方支付平台的出现,银行乱收费的现象开始得到改善,但这使银行损失了一定的利益,所以作为本身就占据银行高额利润大半江山的"高利贷",在商业银行中占据的地位就变得越来越重要了。随着科技的不断发展,人们突破了传统的交流方式,打破了距离和时间的限制,到目前为止,经济全球化已经形成,在利率市场化如此之高的情况下,如何去防范利率变动带来的风险,提升自身防范利率风险的能力,成为了我国商业银行的当务之急。

从外国以往的经验看来,利率市场化势必将造成银行之间相互自由的竞争存款,由于商业银行资产规模较小、盈利特征明显、风险管理能力又比较弱,在面对这样强度的市场考验下极度容易导致其中一大部分银行倒闭,因此，研究商业银行如何有效地防范风险对于内部风险管理水平提高作用显著。本章将利用利率敏感性缺口模型来研究四家大型的商业银行面临的利率风险和管理情况，并运用压力测试的方法来研究潜在的风险。

第一节　商业银行面临的利率风险

利率风险通俗的来讲便是无规律变动的市场利率给商业银行本身的资产、收益带来损失的可能性。商业银行面临的利率风险有四类：重新定价风险、基差风险、收益率曲线风险和期权风险。

一、重新定价风险

我们知道商业银行的经营业务项目一般来说不是和固定利率挂钩就是和浮动利率挂钩，重新定价风险指的便是由于固定利率类的一系列银行的经营项目的到期时间的不同和浮动利率类的一系列银行经营项目重新确定利率的时间不同这两种情况给银行带来损失的可能性。

固定利率类的银行经营项目的到期时间的不同是商业银行存在重新定价风险的最主要原因，因为商业银行长期存在的一种普遍情况是长期贷款和活期存款分别占总贷存款的比率很高，以民生银行为例，我们从2009年到2016年民生银行的年度报告中得到的民生银行的活期存款和长期贷款数额以及与之相对应的总存款和总贷款的数额占比如下表：

表7.1 民生银行活存长贷占总比

年份	活期存款（百万）	长期贷款（百万）	占总存款比(%)	占总贷款比(%)
2009年	548,361	719,099	48.6	81.4
2010年	651,092	778,409	45.95	73.60
2011年	695,048	841,118	42.26	69.79
2013年	810,428	968,734	37.75	61.54
2014年	844,716	115,7985	34.7	63.88
2015年	963,034	1,320,020	35.24	64.45
2016年	1,308,783	1,560,664	42.46	63.40

从表7.1我们可以看出民生银行在2009年到2016年里，整体来看，活期存款占总存款比率在40%上下波动，而长期贷款占总贷款比率却从80%一路下降到了60%，这表明了民生银行的重新定价风险在不断地减少；但是我们将民生银行活期存款和长期贷款存贷款的占比分成两个年度来看，我们会发现从2009年到2013年活期存款占总存款的比率明显的变小，说明了负债短期化现象和资产长期化现象得到了根本的改善，但是从2013年到2016年来看，活期存款占比有上升趋势，而长期贷款占比却始终保持平稳，而且由于民生银行属于"高开"的情况，所以民生银行的这两类占比是属于较高的，而在面对我国利率市场化的形势下，如此高的"活存长贷"占比存在着相当大的重新定价风险，民生银行仍然不能够太乐观，更加不能够松懈。

二、收益率曲线风险

收益率曲线指的是某一种理财的产品，它的回报率与他所需的时间之间的关系，收益率曲线通常有三种情况：水平收益、负收益和正收益，如图7.1。

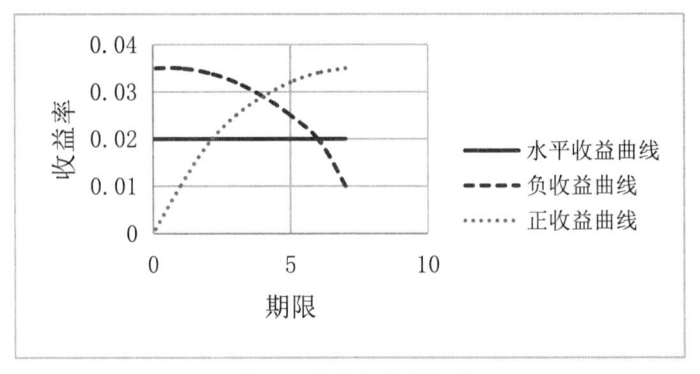

图7.1 收益曲线的类型

其实收益率的曲线风险说的是重新规定的收益率和以前规定的收益率不对称，即新旧收益率之间的不同使得两段收益率的曲线的存在差距相对较小，导致时间在不断地延长而收益率的增长却十分缓慢，还有不增长的可能。当然两个不同品种的债券之间收益率的不同也会形成收益率曲线风险。通俗的来讲，假设存在着两种政府发放的债券，一种是为期3年的债券，收益率为3%，而另一种是为期5年的债券，它的收益率也是3%，本身来说，按照为期时长来看这两种债券应该是非常符合正收益率曲线的，为期5年的债券理应高于为期3年的债券，但是由于现在两种债券最后的收益率均为3%，即长期和短期之间的利差相距很小，投资者普遍选择为期3年的债券，这将使得商业银行利差收入减少，所以此时的收益率曲线风险非常的大。

从长远整体的角度看来，随着基准贷款利率的调整，贷款的基准利率整体是下降的；其次从贷款时长来看，后期贷款时段的增长，并没有像前期那样大幅度提高利率，而是变得相对较为平缓，而且随着基准贷款利率的调整，这种平坦的趋势不断地在加重。

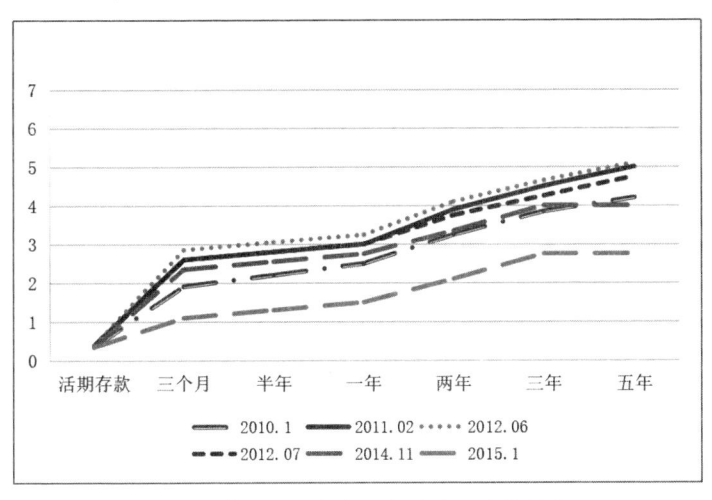

图7.2　中国人民银行历年的基准存款利率

从图7.2来看，活期和三个月的存款利率之间的差距相对较大，然而三个月到一年的存款利率上涨却十分的少，虽然二年、三年、五年的存款利率和一年的存款利率相比，有一定的上涨幅度，但是上涨幅度却不是很明显。

我们再从基准利率整体的改动来看，从2010年到2015年，基准存款利率的增长幅度越来越小，到了2015年活期存款和五年的长期存款之间的差距只有2.4%，而2012年活期存款和五年的长期存款之间的差距却有4.75%。我们可以发现，虽然贷款和存款的基准利率是一起在下降的，但是存贷的基准利率期限结构却越来越平坦，这种长短期利差缩小的情况，将会导致我国商业银行利差收入存在降低的风险。

而目前中国的商业银行的收益总额，主要是净利息收入，它占有着很重要的地位，以上海浦东发展银行2015年和2016年为例：

表7.2　净利息收入

项目	2016年度	2015年度
利息收入	214,814	228,254
利息支出	-106,694	-115,245
净利息收入	108,120	113,009

表7.3　手续费及佣金收入

项目	2016年度	2015年度
手续费及佣金收入	43,236	29,313
手续费及佣金支出	-2,544	-1,515
净手续费及佣金收入	40,692	27,798

表7.4　联营企业及合营企业投资净收益

项目	2016年度	2015年度
联营、合营企业投资净收益	180	159

从表7.2、表7.3以及表7.4综合来看，我们可以发现无论在2015年还是2016年，浦发银行净利息的收入所占的比例都十分的高，通过计算可知2015年浦发银行净利息收入占其总收入的80.17%，而2016年虽然有所下降，但是净利息收入也占到其总收入的72.57%。面对如此高的比例，存贷的基准利率期限结构却越来越平坦，这说明了收益率曲线风险是商业银行不可以忽视的重要利率风险之一。

三、期权性风险

期权性风险是比较容易理解的风险，首先我们得知道，面对商业银行客户是拥有自主选择权的，他它们拥有提前提取存款的权利。我们的市场利率是不断变动的，从定期存款来看，如果一个星期前我们在商业银行里进行了一笔为期1年的定期存款，但是现在基准利率突然上涨一定诱人的幅度了，那我们一定会选择提前取出我们之前在银行的存款重新再进行存款，那么银行的利息支付将会因为我们的提前支取而减少；反之，我们从长期贷款的角度来看，如果上个月我们的一个企业打算在两个星期后扩建，向银行借了一笔为期3年的长期贷款，但是在一个星期后我们发现银行的贷款基准利率下降了而且幅度比较大，那么权衡左右，我们会选择提前偿还本金，然后再向商业银行进行融资贷款。所以在面对这种因为利率变动，而提前提取存款和提前偿还贷款的情况，将会使得我们的商业银行的利差收入减少，而期权性风险说的便是由于利率的变动，客户对期限性的存贷提前支取或偿还导致银行利息收入减少、利息支出增多的风险。

四、基准风险

利息收入与利息支出之间的利差会由于存贷利率变化的不确定性和无关性变化造成利益损失。作为一个大部分收益都是依靠"利差"的行业，防范基准风险的重要性不言而喻。但是我们以2015年三年的存款基准利率和三年的贷款基准利率为例，可以看出基准风险对于商业银行的影响是比较小的。

表7.5　三年的存贷款基准利率

日期	三年的存款利率	三年的贷款利率
2014.11	4.00	6.00
2015.03	3.75	5.75
2015.05	3.50	5.5
2015.06	3.25	5.4
2015.08	3.00	5.00
2015.10	2.75	4.75

第二节　股份制商业银行利率敏感性缺口模型管理

一、模型的确定

研究重新定价风险常用的模型是利率敏感性缺口模型，它是我国商业银行现阶段用来衡量和预测利率风险的重要手段之一。它研究的是利率市场化下，不固定的利率变动对银行净利息收入与支出之间的影响。尽管该模型精确度可能存在着一定的误差，但是它的思路清晰、计算简单、操作简便，非常符合我们的实际操作要求。所以本次研究我将采取利率敏感性缺口模型对股份制商业银行的重新定价风险进行研究。

研究利率敏感性缺口需要的指标有：利率敏感性缺口、利率敏感性比率和偏离度。

（1）利率敏感性缺口（ISG，Interest rate sensitive gap）是缺口模型表达方式的绝对指标，指的是在一个时间范围内即将到期或重新确定利率的资产负债之间差额的值，是用来衡量利率的波动导致股份制商业银行的资产与负债不确定性变动的重要指标。公式如下：

$$GAP = IRSA - IRSL$$

（7.1）

表7.6　缺口的类型

数额比较	缺口	比率	类型
利率敏感性资产大于负债	>0（正）	>1	资产敏感
利率敏感性资产小于负债	>0（负）	<1	负债敏感
利率敏感性资产等于负债	=0	=1	相互匹配

股份制商业银行通过预测市场利率的波动来选择不一样的缺口模型，从而实现最大化的净利息收入。如果想要寻找机遇，获得更大的经济利益，在面对利率上升或者预测出即将要上升的时候，应该保持股份制商业银行为正值的利率敏感性缺口；在面对利率的下降或者预测出即将要下降时，应该保持利率敏感性缺口始终负值，从而来保证最大化的净利息收入；如果是想要稳定发展的股份制商业银行的话，那么应该使利率敏感性缺口保持为零来保证稳定收入。

利率敏感性的缺口可以用来衡量银行的净利息收入对于市场的利率变动影响的程度，即利率风险的程度。

（2）利率敏感性比率是一个相对指标，指利率敏感的资产和利率敏感的负债之间的比率。它计算公式为：

$$利率敏感性比率 = \frac{利率敏感性资产}{利率敏感性负债}$$

（7.2）

当利率敏感性比率的值相对较大的时候，说明股份制商业银行存在着利率敏感性比率的缺口，如果此时的利率上调了的话，股份制商业银行净利息收入将增加；而当利率敏感性比率相对较小的时候，那么说明股份制商业银行存在负债的敏感缺口，如果此时的利率下调了的话，那么银行获得的净利息收入也将是增加的。

（3）偏离度是利率敏感性比率减去1，作为一个测量利率风险程度的相对指标。它的计算公式为：

$$偏离度 = 利率敏感性比率 - 1$$

（7.3）

如果利率敏感性比率偏离度处于零值上下波动，说明不管缺口的方向是正是负，利率风险都会比较小；如果利率敏感性比率偏离度和零值的差距比较远，说明利率的风险比较大。

二、实证分析

我选取2016年我国国内的4家大型股份制商业银行3个月以内和3个月到一年的两种不同到期期限的敏感性资产和敏感性负债通过利率敏感性缺口和利率敏感性比率偏离度来研究中国股份制商业银行利率风险防范。我选取的四家大型股份制商业银行分别是招商银行、中信银行、民生银行和浦发银行，在数据统计的过程中发现利率敏感性资产负债中含有大量的项目和数据，由于目前的条件有限，所以选择流动性资产作为利率敏感性资产，而近似的也将流动性负债作为利率敏感性负债。

通过运用上述测量指标的公式，从上证指数中得到敏感性资产与敏感性负债，计算结果见表7.7、表7.8以及表7.9。

表7.7　2015年各股份制银行的缺口

	3个月之内期限（单位：百万）			3个月至1年期限（单位：百万）		
	敏感资产	敏感负债	缺口	敏感资产	敏感负债	缺口
民生银行	2900801	2683524	217277	746993	986688	−239695
中信银行	2183703	2712875	−529172	1589333	1293161	296172
浦发银行	1568024	3479119	−1911095	1917488	1090957	826531
招商银行	3120504	3434311	−313807	1070757	895942	174815

表7.8　2016年各股份制银行的缺口

	3个月之内期限（单位：百万）			3个月至1年期限（单位：百万）		
	敏感资产	敏感负债	缺口	敏感资产	敏感负债	缺口
民生银行	2915530	2979087	−63557	1371462	1896494	−525032
中信银行	2421950	3596033	−1174083	1607200	1120188	487012
浦发银行	2916792	3798932	−2009930	1502383	1353887	148496
招商银行	3157749	3930641	−772892	1068783	899603	169180

第7章 利率市场化下商业银行敏感性缺口管理研究

表7.9　2016年股份制银行缺口与偏离度

	3个月之内期限（单位：百万）		3个月至1年期限（单位：百万）	
	缺口	偏离度	缺口	偏离度
民生银行	−63557	−0.0213	−525032	−0.2768
中信银行	−1137804	−0.3265	471017	0.1097
浦发银行	−2009930	−0.2322	148496	0.1097
招商银行	−772892	−0.1966	169180	0.1881

（1）从表7.8中3个月内的风险利率缺口来看，民生银行、中信银行、招商银行和浦发银行这四家大型的股份制商业银行，在3个月内都是负的敏感性缺口。其中民生银行3个月内的缺口的绝对值比较小，说明它选择的是稳健地去规避利率风险，所以此时它的利率风险防范能力比中信银行、浦发银行和招商银行强，虽然在面对同样的利率波动时，净利息收入下降的程度不会太大，但是净利息收入大幅度上涨的可能性也被扼杀了；相反的，中信银行的敏感性缺口的绝对值最大，面对利率产生变化带来的影响，虽然有可能获得巨大的收益，但是如果在决策上失误了的话，净利息收入的损失也将会很大。由于缺口的大小是根据它们自身的不同期望而调整的，同时也是根据它们自身的风险管理水平程度来确定的，所以从3个月内来看，民生银行可能想采取稳中求胜的方式，但是这也暴露出民生银行存在着利率风险防范能力不足的问题，而其他三家股份制商业银行中信银行、浦发银行和招商银行的缺口绝对值很大，说明他们做好了面对利率波动的时候，将受到很大的冲击的准备，积极的想要通过自身对利率的预测能力，从利率变动中获得更大净利息收益。从中我们可以发现，此时此刻民生银行的利率风险将会比其他股份制商业银行小，而中信银行的面对的利率风险是巨大的。

（2）综合表7.7及表7.8来看，中信银行、浦发银行和招商银行两年的缺口均为负缺口,而民生银行的缺口在2015年属于正缺口,2016年转变为负缺口,这表明民生银行通过自身的调整将缺口由正转为负,来适应市场利率的变动;我们还可以发现民生银行在整体的发展以及根据市场利率变动调整自身缺口存在滞后性,再次说明了民生银行领导层在决策上可能有严重的失误,它的风险管理水平极差。

(3)从表7.9来看,对于4家股份制商业银行来说,他们3个月内的敏感性缺口都是负缺口,完全符合利率上升的情况下,利率风险管理的要求,其中中信银行、浦发银行和招商银行的偏离度指标比较大,利率风险将给它们带来很大的收益;而民生银行虽然敏感性缺口也是负缺口,但是它的偏离度很小,所以利率风险给他们带来的收益并不大,在银行的可忽略范围之内。

(4)从表7.9看来,在3个月之内的期限里,民生银行的缺口和偏离度都不如其他3家股份制商业银行,表明了民生银行的利率管理水平低,属于"稳健型选手",但是民生银行从短期到长期的偏离度变大了,而且缺口也越来越大,表明民生银行发现了自身的弱点,在向其他的股份制银行看齐,但是此时其他股份制银行已经把缺口从负调整为正来满足利率的变动,而民生银行却将利率风险缺口向负方向继续扩大,表明民生银行极其需要改变自己的测量手段,跟上其他银行的脚步。虽然中信银行、浦发银行和招商银行短期内和长期内的敏感性缺口都是负的,缺口的方向也一致,然而从偏离度绝对值的大小来看,招商银行偏离度的绝对值变大,即离0越来越远了,表明招商银行有信心面对相对较大的利率风险,而从缺口的大小上来看,中信银行缺口较大,虽然偏离度比招商银行小,但是这并不能说明其面对的利率风险一定比招商银行小,所以中信银行对自身的风险预测水平也具有一定的自信。

(5)从表7.9中的3个月之内期限的偏离度和3个月至1年期限的偏度比较来看,民生银行的偏离度绝对值大幅度提高了,说明民生银行是有心追求高额净利益的,但是他缺乏科学合理的检测利率风险的方法;而招商银行的偏离度始终稳定在0.19，说明了招商银行对自身检测利率风险的精确度的自信，也表明了招商银行对高额净利益的强烈欲望；最后我们看中信银行和浦发银行，它们的偏离度在3个月至1年期限时下降幅度很大，说明它们的检测方式和手段比较相似，对于较短时期的利率变动比较精确，而对于较长时期的检测来说，相对有一定的误差，所以在3个月至1年期限时将自身的偏离度趋向于零。

三、压力测试分析

选取2015年10月的存款基准利率与2015年10的贷款基准利率分别近似看作四个股份制商业银行的存款利率和贷款利率：

三个月和一年的贷款年利率都为4.35%；

三个月和一年的存款年利率分别为1.10%和1.50%。

此处的压力测试引用谢四美的论文《商业银行利率敏感性缺口与利率风险防范》中的压力测试方式，先假设存款利率和贷款利率同方向同大小地变动；然后再假设存款利率和贷款利率同方向地变动，但是大小变动不同；对三个月的期限进行压力测试，将三个月的期限可看作为0.125年，则净利息的收入应该为：

$$\Delta NII = \sum_{t=1}^{n} \Delta NII_t = \sum_{t=1}^{n} (RSA_t \times \Delta i_{At} - RSL_t \times \Delta i_{Lt})$$

（7.4）

（1）假设存款利率和贷款利率同方向同大小地变动：

表7.10　同向等大存款（负债）利率变化数值

银行	存利率上升 2%	存利率上升 5%	存利率上升 10%
民生银行	3054867.526	3144240.136	3293194.486
中信银行	3687507.089	3795388.079	3975189.729
浦发银行	3895567.333	4009535.293	4199481.893
招商银行	4030626.68	4148545.91	4345077.96

表7.11　同向等大贷款（资产）利率变化数值

银行	贷利率上升 2%	贷利率上升 5%	贷利率上升 10%
民生银行	2977849.454	3065315.354	3211091.854
中信银行	2473719.181	2546377.681	2667475.181
浦发银行	2979138.429	3066642.189	3212481.789
招商银行	3225245.885	3319978.355	3477865.805

表7.12　同向等大三个月的压力测试结果

银行	贷利率上升2%时的缺口	偏离度	贷利率上升5%时的缺口	偏离度	贷利率上升10%时的缺口	偏离度
民生银行	−77018.07181	−0.025211591	−78924.78181	−0.025101385	−82102.63181	−0.024931
中信银行	−1213787.908	−0.32916219	−1249010.398	−0.329086347	−1307714.548	−0.32896909
浦发银行	−916428.9038	−0.23524915	−942893.1038	−0.23516269	−987000.1038	−0.235029018
招商银行	−805380.7956	−0.199815279	−828567.5556	−0.199724813	−867212.1556	−0.199584947

从表7.12我们可以看出，四家股份制商业银行都因为利率的上升而缺口

变大，他们的经济损失会更大，其中民生银行的利率敏感性缺口的变化最小，所以我们可以发现，在市场利率呈现上升趋势的时候，它虽然受到了一定程度的冲击，但这是在其可接受范围内的，从偏离度来看，4家股份制商业银行的偏离度基本上保持不变，因为其本身的偏离度就很小，所以其承担的风险并不高；反之我们看利率风险缺口最大的中信银行，压力测试的结果表明，当市场利率保持着上升的趋势时，它将它受到巨大的冲击，承担着比较大的风险；而浦发银行与招商银行的利率风险缺口虽然比中信银行小，但是从整体来看，这两家银行的利率风险缺口的基数却并不小，当面对市场利率保持着上升的趋势时，也会遭受一定程度的风险。

（2）假设存款利率和贷款利率同方向的变动，但是大小变动不同：

表7.13 同向大小不同存款（负债）利率变化数值

银行	存利率上升3%	存利率上升7%	存利率上升12%
民生银行	3084658.396	3203821.876	3352776.226
中信银行	3723467.419	3867308.739	4047110.389
浦发银行	3933556.653	4085513.933	4275460.533
招商银行	4069933.09	4227158.73	4423690.78

表7.14 同向大小不同贷款（资产）利率变化数值

银行	贷利率上升2%	贷利率上升5%	贷利率上升10%
民生银行	2989693.794	3077159.694	3222936.194
中信银行	2483558.353	2556216.853	2677314.353
浦发银行	2990987.897	3078491.657	3224331.257
招商银行	3238074.24	3332806.71	3490694.16

表 7.15 同向大小不同三个月的压力测试结果

银行	存贷上升 3% 2% 时的缺口	偏离度	存贷上升 7% 5% 时的缺口	偏离度	存贷上升 12% 10% 时的缺口	偏离度
民生银行	−106808.9418	−0.034625857	−138506.5218	−0.043231655	−141684.3718	−0.042258821
中信银行	−1249748.238	−0.335640976	−1320931.058	−0.341563384	−1379635.208	−0.340893891
浦发银行	−954418.2238	−0.242634925	−1018871.744	−0.249386432	−1062978.744	−0.248623215
招商银行	−844687.2056	−0.207543266	−907180.3756	−0.214607597	−945824.9756	−0.213809017

通过比较表7.13和表7.14，我们可以发现民生银行在贷款利率上升的幅度都是2%的情况下，存款利率上升的幅度比贷款利率上升幅度大的时候，民生银行的敏感性缺口大幅度扩大，表明这个时候民生银行受到利率风险的冲击非常严重；而中信银行、浦发银行和招商银行，虽然敏感性缺口扩大的百分比不高，但是由于他们整体的基数大，所以扩大的幅度也不容小觑；再者，我们整体地从表7.15来看，在贷款利率上升的幅度相同的情况下，存款利率的上升幅度越大，银行将会受到的冲击和遭受到的经济损失也越大。

第三节 国有商业银行的利率敏感性缺口管理研究

一、国有商业银行利率敏感性缺口

根据资料的可得性，选取我国4家国有商业银行来当分析目标。在利率敏感性缺口模型中，将敏感资产和负债期限分为3个月和1年两类，考察国有商业银行应付利率风险水平。再进一步地运用压力测试的方式研究当利率发生变化时，国有商业银行缺口的变化。

通过登陆上交所网站，收集2016年中国4家国有商业银行的年度报表数据，可以计算出各家银行在2016年末的利率敏感性缺口和利率敏感性比率偏离度，如表7.16所示。

表7.16　2016年12月31日商业银行利率风险缺口（百万元人民币）

银行	3个月内			3个月至1年		
	资产	负债	缺口	资产	负债	缺口
工商银行	3 223 632	3 671 041	−447 409	3 903 389	4 281 516	−378 127
农业银行	2 402 614	2 974 838	−572 224	3 952 146	3 308 570	643 576
中国银行	2 483 456	3 687 773	−1 204 317	3 291 324	3 252 199	39 125
建设银行	2 184 587	3 307 650	−1 120 063	3 612 301	3 937 911	−325 610

从表中可以看出，在存款和贷款额度量来说，工商银行都占据着首位，证明其在国内的影响力数一数二。而从3个月内的存贷款额来看，四大国有商业银行的存款额都多于贷款额，那是因为存款期平均期限比贷款期限要短，银行都会大胆吸纳短期存款，这样才有利可图。所以四大国有商业银行3个月内的敏感性缺口都为负，而且缺口较大，其中中国银行和建设银行的缺口都比较大。反观3个月到1年的敏感性缺口，其中工商银行和建设银行的缺口为负，农业银行的缺口为正，中国银行的缺口虽然也是正的，但是不大，可以理解为中国银行选择一种保守的策略应对利率风险。

二、压力测试

从数据描述的选择表明，自1952以来，中国实施了很长一段时间的利率管制政策，利率一直比较稳定，但自1978年改革开放后，利率一直出现不断调整的情况，特别是最近几年，面临越发繁杂的国内外局势，央行一直在不断调整利率。利率调整与利率反转发生频率高，说明国有银行一定要重视利率风险对其的影响。首先分析2015年中国利率浮动状况，然后使用利率敏感性缺口研究国有银行在2016年防备利率风险过程当中遇到的不能忽视的问题，再研究国有银行在利率风险管理方面的能力。2011—2015年的中国存款利率从降息期到平稳期再到降息期一直在不断调整。

近年来，中国人民银行分别施行了4次降息，3次降准。为了配合利率市场化的进程，2015年3月1日分别调低了金融机构存贷款的基准利率，将存款利率变动区间最高限度从基准利率的120%改为130%，而一年基准利率也下降到2.5%。2015年5月11日，存款利率再次上调最高限额，从130%改为150%，而一年基准利率也下降到2.25%。2015年6月28日，一年基准利率下降到2%，其他期限的基准利率也纷纷降低。2015年8月26日，一年以上的定期也允许能够浮动。至今，基准利率维持不变。

利率市场化逐步全面实施，开始放开利率管制，国有商业银行在利率不断浮动的情况下，一定要想出适应政策的方案，跟上新形势才能不被市场淘汰。

根据国外经验和对国内的银行业压力测试的日常方式，压力情景分成三种情况：轻微、中度、严重。第一步，在设想存贷款利率的改动幅度和方向一样时，引用谢四美教授的文献，把压力测试情景假设如表7.17那样；第二步，大量的外国经验说明，大部分国家经过利率市场化后，存贷利率差都会慢慢缩小，银行为了争夺市场上的流动资金，会提高存款利息，吸引大家把钱存进他们银行，因此让存贷款利率产生波动，存贷利差减少，在这种情况下，把压力测试情景假设成表7.18所示。

表7.17　压力测试情景1

压力情景	轻微	中度	严重
年存款利率上升	2%	5%	10%
年贷款利率上升	2%	5%	10%

表7.18　压力测试情景2

压力情景	轻微	中度	严重
年存款利率上升	3%	7%	12%
年贷款利率上升	2%	5%	10%

因为国有银行在测量敏感性缺口时通常会根据到期期限的不一样分别计量，所以在测量利率变更对银行NII的作用时，按公式7.4计算。

现在我们主要研究一下3个月到1年期的压力测试。将表7.16的3个月到1年期的数据代入公式（7.4）中，可以分别得出在压力测试情景（1）和压力测试情景（2）两种不一样情况下的测试结果（见表7.19和表7.20）。

表7.19　情景1下商业银行利率风险压力测试结果（百万元人民币）

银行	存贷利率上升 2%	存贷利率上升 5%	存贷利率上升 10%
工商银行	−173 752.10	−178 862.45	−190 126.06
农业银行	488 239.45	502 599.43	526 532.74
中国银行	25 316.33	26 060.92	27 301.92
建设银行	−145 059.03	−149 325.47	−156 436.21

表7.20　情景2下商业银行利率风险压力测试结果（百万元人民币）

银行	存利率上升 3%、贷利率上升 2%	存利率上升 7%、贷利率上升 5%	存利率上升 12%、贷利率上升 10%
工商银行	−200 912.98	−233 184.19	−241 701.46
农业银行	467 250.71	460 621.95	484 555.26
中国银行	4 685.19	−15 201.36	−13 960.36
建设银行	−170 040.14	−199 287.71	−206 398.45

其中，工银和建银都维持着GAP>0，相反农行维持着GAP<0，中国银行利率敏感性缺口不大，我们可以认为中国银行对利率风险使用的策略为保守的缺口管理。经过前几年央行频繁的利率调整，2016年进入比较平稳的利率调整期，不过因为受到FED的加息影响，暂且认为未来还会有一两次降息。如果未来会有降息调整，保持负缺口的工行和建行会带来NII的增加，而农行将会面临很大的利率风险。表7.19中，工行和建行的缺口都是在缩小的，当利率上升的幅度越大，缺口缩小的程度越小；而农行的缺口反而扩

大，当利率上升的幅度越大，缺口扩大的程度越大；中行的缺口因为本来就不大，所以无论利率怎么上升，跟另外3家国有银行相比，缺口的变化都不明显。而表7.20是预测以后存贷利率差缩少的情况下，各银行出现的变化。当存款利率升了12%贷款利率只升10%时，工行和建行的负缺口都明显增大（跟存贷利率都升10%相比，工行的缺口增加了515.76亿，同比增加了约15.5%，建行的缺口增加了499.63亿，同比增加了约17.1%）；而当存利率上升7%，贷利率上升5%，和存贷利率都上升5%相对比，中国银行的净利息收入由260.61亿变成-152.01亿，净利息从正变为负，中行的收入受到了巨大的亏损；当存贷利率减少利率差时，农行的缺口是缩小的，最大亏损了419.78亿，亏损比率约为9%。另外，在表7.20中能够了解到，当存贷款利率上升幅度不同时，中行的NII有可能是正也有可能是负。通过研究压力测试结果表7.19和表7.20以及对比两表，能够了解到：

（1）情景1的情形，存贷利率上升百分比一样，随着上升百分比的增加，银行敏感性缺口呈现出有一定规律的变化，正负敏感性缺口都会随着利率的上升而增大。也就是说，当银行初始状态为负缺口时，随着利率上升量增大，负缺口会扩大，正缺口也一样。

（2）情景2的情形，存款利率上升百分比比贷款利率高，随着上升百分比的增加，银行敏感性缺口变化的规律不是很明显。当银行初始状态为负缺口时，随着存贷利率的同时上升，负缺口扩大；但当银行初始状态为正缺口时，变化的规律性不明显，正缺口大的，随着压力的增加，正缺口先减小后增大，特别是当正缺口较小时，利率的变化可能会使正缺口变成负缺口。

若存贷利率上升幅度不一样时，银行的NII有可能是正也有可能是负，会有比较大的不确定性，增加了对利率风险管理的难度。

现在中国已经基本完成了利率市场化，所以在目前全球经济依然处在调整复苏的阶段，面对英国退出欧盟、特朗普中选等国际形势，全球经济不确定因素显著的提高，中国股份制商业银行必须在利率风险管理方面做出更大的努力，不仅仅是一味地去降低风险，稳中求进才是我们最大的目标。又由于目前是我国供给侧结构改革推进的第二年，在新常态的经济状态下，股份制商业银行也面临着增长乏力，所以需要进一步地去调整和适应这种新常态。从文中来看，中国股份制商业银行在管理利率风险这一方面存在着许多的不足，从短期内的研究来看，主要表现在以下几个方面：

（1）大部分股份制商业银行敏感性缺口非常大，在面对市场风险的时候，将会受到很大的冲击，造成巨大的经济损失；

（2）在存款和贷款的利率同时上涨相同幅度的时候，股份制商业银行的利率敏感性缺口将会扩大，造成很大的经济损失；

（3）在存款的利率和贷款的利率同时上涨，面对相同程度的贷款利率上升的时候，存款利率上涨的程度越大，那么股份制商业银行面对的经济损失就会越大。

（4）从利率的敏感性缺口来看，股份制商业银行在管理利率风险的水平方面良莠不齐，差异比较大，在这四家大型的股份制商业银行中，民生银行的利率风险管理水平比较弱，中信银行、招商和浦发银行管理水平明显优于民生银行。

（5）从敏感性缺口的偏离度来看，民生银行敏感性缺口的偏离度非常接近于0，太过于保守，这样它将很难有更大的发展，虽然这会使它受到的利率风险变小，但是我们都知道风险和机遇是并存的。

虽然在现阶段，国有商业银行利率风险不大，工行、建行和中行在短期内能够较好地防范利率风险，以减少对银行造成的亏损。但是在风控方面依然有很多疑问，最主要表现在：

（1）国有银行因为资产规模非常庞大，跟其他股份制银行相比，当遇到利率风险时，预测和管理起来比较迟钝。

（2）国有银行都比较大胆吸纳短期存款，现在利率市场化，各银行百花齐放、百家争鸣，要提防由于过于自信而造成短期资产失衡的情况，进而出现挤提等短期利率风险。

（3）和存贷利率上升程度一样的情况比起来，存贷利率上升程度不一样表明利差变动对银行影响更大，而且我国目前正处在这样一个利差缩窄的阶段，所以对银行影响较大。

第8章　宏观审慎框架下资产负债管理的建议

面对资本监管要求加强、利率市场化改革加快、金融脱媒加剧等新形势、新挑战，商业银行的资产负债管理也要顺势而为，加快转变工作思路和管理理念，加快改革创新力度，建立起稳健的、可持续的资产负债管理体系。

一、把握资产负债管理的主线

1. 以提高经风险调整后的资本回报率为主线，完善资产组合管理体系

经济资本作为覆盖银行非预期损失的资源，反映了银行承担风险的能力和代价。将银行获取的收益与承担的风险挂钩，可以对银行实现回报所需要承担的信用、市场及操作风险进行衡量。从过去单纯注重网点和规模的扩张，变成建立有效资本约束机制。建立经济资本对风险资产总量约束和对价值创造引导的双重机制，促进信贷资产和财务资源的有效配置，加大对资产结构的调整力度。

2. 以降低资金成本为主线，完善负债组合管理体系

负债业务的稳定增长是资产业务扩张的基础，负债来源的稳定性和资金成本直接与流动性管理和盈利水平相关。因此要吸收成本具有比较优势、来源稳定的负债，降低资金成本和波动性，实现规模对效益的支撑。

3. 以确保流动性安全为主线，完善资产负债的匹配管理体系

资产负债管理所关注的风险类型，主要是由于银行资产方、负债方对重

要市场变量的不同敏感程度而产生的流动性风险、银行账户利率风险等。其中，流动性风险的根源在于资产负债的期限错配。因此要结合自身风险管理能力的大小，确定风险偏好水平，合理调整流动性缺口的规模和结构，实现流动性安全下的利润最大化目标。

4. 以提高资本使用效率为主线，完善资本管理体系

始终将风险管理作为银行持续发展的生命线，发挥资本约束机制，使资本增长与风险资产的扩张相匹配。更多依靠内涵资本增加来补充资本，靠资本优化和节约来减少资本消耗，从高资本占用的业务模式向资本节约型业务模式转变。

二、强化资本节约的经营理念

金融危机的教训将促使商业银行改变以往的过度投机行为，更加注重资本的约束，更加重视提升资本的质量，不断提高以普通股为主要内容的核心资本的占比，降低对附属资本的依赖，也更加注重克服新一轮资本框架中的顺周期因素，缓解经济交替对银行资本实力造成的冲击。

商业银行应当坚持以资本约束为先导，风险控制及合规经营为过程，价值创造为最终目的的经营理念，不断提高经营管理的科学化、规范化、精细化水平，并重点解决好经济资本约束下的资产及负债规模控制和结构调整问题，用科学的手段度量和控制风险，才能在有限的资源总量内实现效益最大化目标。

在价值最大化经营目标引导下，我国商业银行必然用全新的眼光重新审视各项业务的风险与收益，并积极进行战略调整，在资源配置、风险与收益间寻求新的平衡。银行应该在各个层面上树立起由资本的外延式扩展到内涵式发展转变的理念、风险资本回报的理念和全面风险管理的理念。经济资本的管理应该是一个专业化的体系，在资本节约的理念下银行需大力发展基本不消耗资本的负债业务、中间业务，尤其是新兴的中间业务。优先发展资

本消耗水平低（零售、贴现、贸易融资等）的资产业务，而对资本消耗水平较高的资产业务、则需择优选择性发展。经济资本管理体现了经济资本对风险资产增长的约束和对资本回报的明确要求，这就对传统的粗放型业务经营模式提出了挑战，从而带动商业银行经营思路的转变和经营战略的调整。这样，银行才能在资源有限的情况下把握风险与发展的平衡，从而在激烈的竞争中实现持续健康发展。

现代商业银行的竞争是节约资本使用的竞争，是提高资本使用效率的竞争。为此，现代商业银行必须要加快建立一个以资本规划、资本补充、资本使用和分配、资本监控与考核、资本使用评估、资本规划修订为循环的经济资本管理体系。在银行各项业务流程中引入经济资本管理机制，建立风险定价机制，强化资本约束，提高资本使用效率。银行各个层面都需要在精细化管理上下功夫，通过内部流程整合，强化资本使用效率，通过模式化业务运作，努力建设资本集约化管理和运营的银行。

三、完善资产负债管理体系

指标控制并不是银行风险管理的全部要求，风险管理还有很多其他的内容和要求。如更深层面的完善银行治理结构和治理机制，加强银行风险管理的重要性以及减少公司组织架构的复杂性，从制度上有效规避银行管理者的过度行为、有效控制银行高风险、高收益产品所潜藏的巨大风险。

商业银行应建立涵盖全集团范围的风险治理架构，包括董事会和高管层的监督，一致的风险管理政策和程序，适当的限额体系，强大的管理信息系统识别和各层面的风险评估，有效的内控和内审体系，这些措施将推动商业银行风险治理的提升。完善资产负债管理体系必须明确各部门的主要职责。

资产负债管理工作可由资产负债部牵头，风险管理部、计划财务部、信贷管理部、公司业务部、机构业务部、大客户部等经营和管理部门分工负责。

1. 资产负债管理部职责

负责制定资产负债管理总体方针政策，对具体指标提出考核要求，并定期监控银行整个系统中各项比例指标值是否在可控范围内。并协调其他部门的资产负债管理工作，发挥总体规划、总体把握的作用。

2. 风险管理部门职责

主要承担风险计量、工具模型开发及风险敞口的控制等总体性、系统性、基础性的风险管理职能，尤其是银行整体层面及各分支行甚至各部门各业务线的经济资本科学计量与合理配置，是经济资本理念下资产负债管理发挥作用的核心支持部门。

3. 公司业务部、机构业务部、大客户部职责

负责参与信用风险评级及客户风险计量模型优化，并提供相关资料；负责提出对评级结果、客户风险监控及相关配套政策的意见和建议；尤其是客户集中度风险控制方面，负责督促、指导下级行执行必要的风险管控，争取实现不同区域，不同分支行之间的资产负债结构优化的目标。

4. 信贷管理部职责

负责参与信用风险评级及业务风险管理工作的组织及审查、审批工作；并在评级结果和风险计量结果中提出监管要求和限制性条款等防控措施；负责对不同业务风险进行事后监测和预警，并根据预警信号改进风险处理措施。

5. 计划财务部职责

负责参与信用风险评级及信用风险限额计量模型的优化，并提供相关资料；负责参与资产负债管理的研究和讨论；负责考核各地域、行业经济资本占用情况，做好经济资本与资产负债管理衔接工作。并根据监管当局要求和银行内部规定，收集资产负债管理所需的财务数据，完成统计与计算工作，及时向资产负债部门反馈。

另外，我国商业银行管理的数据基础薄弱，造成经济资本的计量分配仍

存在困难。对此，在完善资产负债比例内部管理体系时还需重视信息数据系统的开发。通过管理会计系统的开发与完善，细化成本核算，进行产品客户盈利性分析，变粗放式管理为精细化管理，提高资源配置水平，大胆引进其他银行先进的预算财务管理经验和技术，及早建立健全量化核算体系。

商业银行要在经济资本理念下完善资产负债管理，必须健全资产负债比例内部管理体系，综合考虑风险、收益、资本占用的平衡关系，在授信决策、风险管理和绩效考核等环节深入贯彻"经济资本"理念，把资产负债管理的监控力渗透到整个银行的不同产品和业务，实现对规模与风险扩张的有效制约。

四、全方位提升资产负债管理水平

1. 优化资产负债总量与结构

资产负债总量与结构应始终保持在良性循环的状态，即资产负债规模与资本实力相适应，资产负债结构与流动性相适应，并形成对盈利的支撑。具体结构调整方向，可以从以下几个方面把握。

一是优化资产结构。按照盘活存量、优化增量的思路，做好资产结构调整。具体来讲，扩大资产运用渠道，优化核心客户和高价值客户的贷款占比；在风险可控的基础上，支持中小企业、个人贷款、贸易融资等低占用、高收益的业务发展；适当提高投资占比，在考虑流动性配置需要的同时，更多地重视投资的盈利能力；严格控制无效、低效资产新增，使高资本消耗业务逐步退出；严格控制新增不良贷款发生。

二是优化负债结构。拥有足够稳定的负债是资产负债管理的基础。而企业和个人存款在负债来源中较为稳定、并且资金成本较低。因此，应坚持存款立行，通过客户数量增加、结算流量扩大、产品运用、服务质量提高等来吸收一般性存款，保持一般性存款稳定的比重，为流动性和盈利提供支撑。同时，按照支付倾向、偏好等特征对客户进行细分，并就定期存款提前支取、活期存款沉淀等客户行为进行分析，加强对存款的分类管理，提高资金利用的主动性。对主动负债，成本一般较高、且资金波动性较大，按照收益覆盖成本的原则和流动性管理需要，以出定进，确定总量额度。

三是加强资产负债组合匹配管理。重点是期限匹配，特别要关注同业业务的期限匹配问题。同时，要关注表外资产流动性的影响，防止表外流动性风险向表内的转移。

2. 全面推进资本管理体系建设

一是保持实际可用资本的总量和结构。确保银行可用资本总量不仅与银行当前经营水平和监管要求相匹配，而且与银行未来发展状况以及理想的资本充足水平相匹配。以监管资本的分类和政策指引为基础，选择合适的资本工具组合实现可用资本总量的筹集，并动态管理余额。建立资本要求和可用资本的管理区间，综合考虑当前资本水平、预期资本变化、预期盈利及分红水平、预期风险水平等多种因素，制定资本规划。

二是完善经济资本管理机制。以风险和收益平衡为目标，深化经济资本在预算管理、计划考核、资源配置、绩效评价、定价管理等方面的实施应用。结合资本计量高级方法，建立科学合理的经济资本风险识别和量化机制，精确计量各业务条线、各经营单位的经济资本占用。建立有效的经济资本配置机制，优化经济资本占用结构，向收益高、资本占用低的条线、产品倾斜。建立以经济资本回报率和经济增加值为核心的绩效考核机制，实现规模、效益、质量协调发展。

3. 建立高度协调的流动性管理机制

商业银行应将流动性风险管理放到与资本管理同等重要的发展高度，不仅将流动性风险管理作为加强银行风险管理的一个方面，银行的决策层更应高瞻远瞩，将流动性风险管理作为提升银行发展战略的有效工具和契机，重新审视本银行的流动性和投资、经营模式，与时俱进，转变和优化自身投融资结构和发展方向。

一是在充分考虑和吸纳监管要求的前提下，制订内部的流动性风险管理政策、流程和制度。另外，应有专门的资产负债和流动风险委员会，定期研究有关流动性管理问题，以确保融资渠道多元化和资金用途合理，以及流动性在安全和可靠范围内。

二是建立量化流动性风险的监测系统。目前，国内一些银行和风险管理部门还存在"面子工程"现象，一些风险量化和监控系统只注重短期效应，不注重长期投资，过于简化，这根本无法预警，更谈不上应对大的风险。因此，国内银行业亟须完善科学的流动性监测体系。流动性风险监测可从关键财务比例分析、现金流和净资金需求分析、预警模型和现状优化模型三方面着手。关键财务比例和现金流、净资金需求分析主要是从纯财务角度进行量化分析；而预警模型和现状优化模型除了考虑财务数据以外，还加入了宏观经济数据，资本市场行为等数据的分析；另外，预警模型是对未来可能发生的流动性风险进行预警和防范，而现状优化模型是对银行现有流动状况进行评判和修正。

三是设置流动性容忍度等级和限制。按照监管规定，并结合自身市场定位、发展战略方向、风险偏好，制订可接受的流动性区间和倾向，并根据市场等外部条件的变化及时进行调整。在不同时间，根据实际情况，通过设置流动性容忍度限制性条款，因时、因地发展银行业务。

四是开展压力测试，制定流动性应急计划。应未雨绸缪，制定应急计划。这种应急资金计划越详尽、考虑越周密越好，因为市场上"黑天鹅"事件（指非常难以预测且不寻常的事件，通常会引起市场连锁负面反应甚至颠覆）不是没有发生过，一旦此类小概率事件发生，谁做的准备越充分，谁就越远离金融风暴的中心。

4. 加快完善产品定价管理基础

在利率市场化的情况下，银行通过利率进行价格竞争将成为常态，定价管理将直接影响盈利和资本充足水平。如果商业银行不能充分了解所面临的风险和挑战，由此所造成的不正确定价决策可能引发回报失衡和潜在风险，并导致失去商业机会。

一是完善内部资金转移定价，提高精准定价能力。这是推动资产负债管理转型、提高资产负债管理水平的重要环节。内部资金转移定价将传统的总分行资金差额管理模式转变为资金全额集中管理，是一种在整个银行更细化层面下净利息收入的计算机制。它将利率风险从资产负债表的项目中剥离出来，集中到总行统一管理，并且可以独立计算银行业务线、产品以及其他维度的净利息收益。内部资金转移定价作为银行机构的利率定价的基本工具之一，在存贷款利率定价管理中起到重要的执行作用。在构建和实施内部资金转移定价体系的过程中，最关键的是选择合适的组织模式、定价依据以及定价模式。不同的银行可以结合自身规模、组织架构、管理模式等因素，选择合适的定价策略和定价管理模式。

二是完善产品定价机制。在定价策略方面，大型银行通常是价格的制定者，而中小银行则是价格的跟随者。在定价管理机制方面，总行制定全行的基准利率，根据授权，给予分支机构适当的定价权限。在差异化定价方面，强化客户是价值基石的理念，根据客户规模、利润贡献，结合资源消耗水平，构建客户综合回报的定价模型，围绕价值创造，细分客户类型，提出不同的定价方案。

五、建立有效的资本约束与长效补充机制

商业银行自身应转变经营模式，建立多元化的盈利模式，通过调整资产负债的结构来降低风险加权资产的总额。在从外需向内需转变的结构调整力度不断加大的环境下，商业银行还要做好在产业和资源重新配置下的风险控制和金融服务，通过优化资产结构和调整业务结构，大力发展零售银行、中间业务等低资本消耗业务，提高银行定价能力，提高非利息收入的比重，由此通过调整资产负债的结构来设法降低风险加权资产的总额，从而减少所需

的资本金数额。此外，在业务开拓上，要调整业务结构，大力发展低资本消耗的托管、投行等新兴业务和表外业务，大力发展人民币跨境结算、债券承销、代客投资理财等业务。在新的金融监管大幅提高监管资本的要求下，开拓各类低资本消耗的中间业务已是提高竞争力的形势所需。银行可以通过银行间市场贷款转让交易、资产证券化等方法削减资产，通过减少高风险业务等措施降低资产的风险权重，以降低风险加权资产总额。全行从控制风险总量出发，压缩高风险资产和不良贷款，建立正常的资本补充机制。

需尽快研究拓宽银行资本补充的渠道，健全正常的或长效的资本补充机制，建议从制度上规定将更多的盈利用于补充资本金，扩大未分配利润的比例，还可以通过完善公司治理，健全股权激励机制等方式来增加资本。

银行要实现业务的持续发展，必须促进经营发展模式和盈利增长模式的转变，提高资产盈利能力，从而增强自身的积累能力和对外部资本的吸引力，实现资本监管下的业务健康发展。资本补充不是目的，而是持续经营的必要条件，核心是通过业务与盈利模式转变，打造银行核心竞争力，提升银行的资本回报水平和投资价值，实现对利润的风险调整和对客户的风险定价，进而提高银行的风险管理能力，优化业务结构和区域结构，适应资本监管的要求。

六、建立以RAROC为核心的激励约束机制

建立以RAROC为核心的盈利能力考核办法是将经济资本理念融入银行资产负债管理十分重要的一个方面。采用RAROC来衡量银行的盈利能力促进银行向"资本约束风险、资本要求回报、追求价值最大化"的经营方式转变。我国商业银行应尽快建立以RAROC为核心的盈利能力考核办法，并将其作为下一轮资源配置的主要依据，引导各级机构将有限的资源配置用到低风险、高回报的业务上，在降低风险的同时提高效益，实现内涵式增长。

在我国商业银行具体实施以经济资本指标为核心的绩效考核体系应具体

注重以下方面：

1. 改进指标设计，提高计量精确度与可比性

在RAROC指标计量过程中，应尽快改变我国银行目前粗糙的计量方法，在分子中重视风险预期损失与资本成本因素的影响，提高RAROC指标的风险敏感度，如果风险量化模型暂时无法达到要求，可利用拨备覆盖率代替预期损失率，鼓励银行提高风险覆盖水平。

2. 建立分产品、分客户、分部门、分机构的经济资本指标评价中心，将RAROC指标的应用范围进行横向拓展，涵盖主要的业务部门

RAROC绩效考核可以从客户、业务、部门和个人等多个评估主体出发，从多角度提供全面的绩效信息，使绩效评估更为准确。

3. 建立与绩效评价方法相适应的激励约束制度，纠正激励约束不相容问题

如果没有科学、合理的激励约束制度与经营者自身的经济利益挂钩，再好的考评办法也无法收到预期的考核效果。因此需科学、合理地运用经济资本指标绩效考核结果，完善激励约束机制。

尽快统一开发科学、精确的经济资本管理系统，以满足各基层行、各业务部门和营业网点的需要，满足监控、调配、分析经济资本的需求。同时，建立后评价机制，提高经济资本预算管理效率，确保根据RAROC对不同盈利水平的业务实现合理调整，进一步激励全行员工参与价值创造的积极主动性。同时对考核指标，可以按照区域同业水平比较来确定。这样分支机构就会主动向风险权重低、流动性强、资本占用少的项目发展，并关注自身在区域内的市场竞争能力，从而有利于全行上下员工增强风险、效益和发展意识，促进资产结构的优化整合和市场竞争能力的不断提高。

七、协同推进资产负债管理与经济资本管理

商业银行资产负债管理正演变为一种风险限额下的协调式管理及前瞻性

的策略选择管理，以计量和管理各类风险、实现科学的预期获利、优化经济资本配置为基本管理内容。

经济资本管理使股本投向清晰化使资本金调度更具灵活性。在庞大的资产经营运作过程中，难以准确把握数量较小的资本金流向。而经济资本可以反映单位产品、客户或部门的非预期损失，并将风险与资本金紧密相连，使资本金的配置清晰化。通过RAROC指标，可以准确反映出不同产品或客户的贡献度，同时适应利率市场变化，为资产定价提供指引。从而以科学的绩效度量方法引导价值最大化。

在当前商业银行管理体系中，资产负债管理与经济资本管理均具有重要地位，为了更好地帮助银行在经营管理中实现安全性、流动性、盈利性的"三性平衡"，商业银行必须统筹协同运用管理与经济资本管理，方能实现预期目标。因此商业银行应夯实管理基础，提升科技支撑能力，提高风险防控能力和工作效率，加强资产负债部、计划财务部、风险管理部等部门的联动效应，全行上下形成合力，共同推进经济资本管理与资产负债管理的有机结合与深入实施。

参考文献

[1]Basel Committee on Banking Supervision：International Convergence of Capital Measurement and Capital Standards：A Revised Framework，2004.

[2]Basel Committee on Banking Supervision：International Regulatory Framework for Banks，2010.

[3]Cemal Berk Oguzsoy，Sibel Guven. Bank asset and liability management under uncertainty[J]. European Journal of Operation Research，1997，102：575-600.

[4]Joseph F, Sinkey J. Commercial Bank Financial Management：In the Financial Services Industry [M]. Prentice Hall Inc, 1998.

[5]Kusy M I, Ziemba W T. A Bank Asset and Liability Management Model. Operations Research, 1986, 35：356-376.

[6]Roy Kouwenberg. Scenario generation and stochastic programming models for asset liability management[J]. European Journal of Operational Research，2001，134：279-292.

[7]Schroeck G. Risk Management and Value Creation in Financial Institutions

[M]. John Wiley and Sons, 2002.

[8]Morton Glantz. Management Bank Risk[M]. Academic Press, 2002.

[9]Neal M. Stoughton, Josef Zechner. Optimal Capital Allocation Using RAROC and EVA[C]. Seminars at the European Finance Association, 2003.

[10]Nikola A. Tarashev. An Empirical Evaluation of Structural Credit Risk Models, BIS Working Paper, 2005.

[11]Pesaran M H, T. Schuermann, B. J. Treutler, S. M. Weiner. Macroeconomic Dynamics and Credit Risk: A Global Perspective [Z]. Wharton Financial Center, Working paper, 2004.

[12]Piergiorgio Alessandri, Mathias Drehmann. An economic capital model integrating credit and interest rate risk in the banking book[J]. Journal of Banking & Finance, 2010, 34: 730-742.

[13]吴福生. 论建立以资产负债管理为核心的商业银行风险防范体系[J]. 上海金融, 1995, (1): 15-16.

[14]娄祖勤. 商业银行资产负债管理与资产风险管理[M]. 成都：西南财经大学出版社, 1998.

[15]俞乔, 邢晓林, 曲和磊. 商业银行管理学[M]. 上海：上海人民出版社, 1998.

[16]余爱玲. 关于国有商业银行资产负债管理的思考[J]. 财经贸易, 1999, (1): 63.

[17]彭建刚. 我国商业银行资产负债管理研究[M]. 长沙：湖南人民出版社, 2000.

[18]李志刚. 国有商业银行信贷资产风险监测指标体系与度量方法[J]. 金融电子化, 2000, (11): 24-28.

[19]彭建刚. 现代商业银行资产负债管理研究[M]. 北京：中国金融出版社, 2001.

[20]庄乾志. 银行发展：市场化与国际化[M]. 北京：北京大学出版社，2001.

[21]彼得 S. 罗斯. 商业银行管理[M]. 北京：机械工业出版社，2001.

[22]陈林龙，王勇. 现代西方商业银行核心业务管理[M]. 北京：中国金融出版社，2001.

[23]隆宗佐. 目前我国商业银行资产负债管理中存在的问题与对策[J]. 上海会计，2002，（7）：37-38.

[24]黄陈，孙胜权. 银行评价与主要财务指标关系的实证研究[J]. 金融研究，2002，（12）：71-77.

[25]张金鳌. 二十一世纪商业银行资产负债管理[M]. 北京：中国金融出版社，2002.

[26]郭红珍，张卉. 我国商业银行中间业务的资源配置行为分析[J]. 国际金融研究，2003，（4）：19-24.

[27]陈小宪. 加速建立现代商业银行的资产负债管理体系[J]. 金融研究，2003，（2）：30-37.

[28]陈小宪. 风险资本市值——中国商业银行实现飞跃的核心问题[M]. 北京：中国金融出版社，2004.

[29]克里斯.马腾. 银行资本管理：资本配置和绩效测评[M]. 北京：机械工业出版社，2004.

[30]刘明康. 商业银行资本充足率管理办法释义[M]. 北京：经济科学出版社，2004.

[31]崔滨洲. 论商业银行资产负债优化的资本约束[J]. 中国软科学，2004，（9）：67-73.

[32]武剑. 论商业银行经济资本的配置与管理[J]. 新金融，2004，（4）：14-16.

[33]吴海霞等. 运用信号分析法建立我国的金融风险预期系统[J]. 金融论

坛，2004，（6）：23-26.

[34]刘建德. 经济资本——风险和价值管理的核心[J]. 国际金融研究，2004，（8）：44-49.

[35]中国银行业监督管理委员会. 商业银行内部控制评价试行办法[S]. 2005.

[36]马蔚华. 资本约束与经营转型[M]. 北京：中信出版社，2005.

[37]关新红. 中国商业银行价值能力研究[M]. 北京：社会科学文献出版社，2006.

[38]贾建军. 建立商业银行经济资本绩效评价体系[J]. 金融与经济，2006，（7）：43-45.

[39]李杨勇，朱雪华. 商业银行资产负债管理[M]. 北京：清华大学出版社，2007.

[40]刘晓星. 基于VaR的商业银行风险管理[M]. 北京：中国社会科学出版社，2007.

[41]彭建刚，吕志华，张丽寒等. 基于RAROC银行贷款定价的比较优势原理及数学证明[J]. 湖南大学学报（自然科学版），2007，34(12)：80-84.

[42]廖继全. 银行经济资本管理[M]. 2008.

[43]彭建刚，周行健. 经济资本研究新进展[J]. 经济学动态，2008，（9）：26-30.

[44]彭建刚，吴思，张丽寒. 国外两种商业银行经济资本计量方法的比较分析[J]. 上海金融，2008，（7）：62-65.

[45]温信祥. 银行资本监管研究[M]. 北京：中国金融出版社，2009.

[46]彭建刚. 商业银行经济资本管理研究[M]. 北京：中国金融出版社，2011.

[47]巴曙松，朱元倩等. 巴塞尔资本协议Ⅲ研究[M]. 北京：中国金融出版社，2011.

[48]迟国泰，闫达文. 基于VaR控制预留缺口的资产负债管理优化模型[J]. 管理工程学报，2011，(3)：123-132.

[49]孙岩，汪翀. 基于RAROC的银行表内资产转让定价决策研究[J]. 国际金融研究，2011，(10)：73-79.

[50]弗朗西斯科. 萨伊塔. VaR和银行资本管理[M]. 周行健译. 北京：机械工业出版社，2012.

[51]Robert I. Konar. Developing a liquidity Management Model [J]. Journal of bank research. 1971.

[52]Bruce D. Fielitz，Thomas A. Loeffler.A Linear Programming Model for Commercial Bank Liquidity Management [J]. Financial Management Association. 1979，(8)：41-50.

[53]Diamond D W，Dybvig P H. Bank runs，deposit insurance，and liquidity [J]. The Journal of Political Economy，1983, 91(3)：401-419.

[54]Kaufman G. Bank contagion：Theory and evidence[R]. Journal of Financial Services Research，1994，(8)：123-150．

[55]Diamond, Rajan. Liquidity risk, liquidity creation and financial fragility: a theory of banking[J]. Journal of Political Economy, 2001, (109)：287-327.

[56]Goldstein, Pauzner. Demand-Deposit Constracts and the Probability of Bank Runs [J]. The Journal of Finance, 2005, (7)：145-167.

[57]Jacklin, Bhattacharya. Distinguishing panics and information-based bank runs-Walfare and policy implications[J]. Journal of Political Economy, 1988, (96)：568-592.

[58]Goldfajn, Valdes. Capital Flows and the Twin Crises: the Role of Liquidity[R]. IMF Working Paper，1997.

[59]Duffle，Alexander. The Paradox of Liquidity Risk Management[J].

Quarterly Journal of Economics, 2001, (113): 733-771.

[60]Yoram Landskroner, Jacob Paroush. Liquidity Risk and Competition in Banking[J]. Social Science Electronic Publishing, 2008.

[61]刘妍, 宫长亮. 商业银行流动性风险评级及实证研究[J]. 系统工程, 2010, (12): 31-37.

[62]钟永红, 曹丹蕊. 中国上市银行流动性风险综合评价[J]. 金融论坛, 2013, (1): 15-19.

[63]沈沛龙, 闫照轩. 商业银行流动性缺口管理的改进方法及实证分析[J]. 金融论坛, 2011, (3): 10-15.

[64]曾刚, 李广子. 商业银行流动性影响因素研究[J]. 金融监管研究, 2013 (10): 40-55.

[65]李明辉, 孙莎, 刘莉亚. 货币政策对商业银行流动性创造的影响——来自中国银行业的经验证据[J]. 财贸经济, 2014 (10): 50-60.

[66]廖岷, 杨元元. 全球商业银行流动性风险管理与监管的发展状况以及启示[J]. 金融研究, 2008, (6): 69-79.

[67]孙清, 陈靖远. 基于引力模型的商业银行流动性风险管理[J]. 经济问题, 2011, (6): 82-85.

[68]彭建刚, 王佳, 邹克. 宏观审慎视角下存贷期限错配流动性风险的识别与控制[J]. 财经理论与实践, 2014 (04): 2-8.

[69]Jobst A A. Measuring systemic risk-adjusted liquidity (SRL)—A model approach [J]. IMF working paper, 2012.

[70]巴曙松, 尚航飞. 我国商业银行的期限转换风险监管研究[J]. 经济纵横, 2015 (7): 102-108.

[71]谢四美. 商业银行利率敏感性缺口与利率风险防范——基于上市银行的实证分析[J]. 金融论坛, 2014, (02): 11-19.

[72]丁述军, 关冬蕾. 农村信用社风险防范的博弈分析[J]. 财经问题研

究，2011，（05）：120-124.

[73]中国农业银行天津培训学院课题组. 利率市场化进程中商业银行对策研究[J]. 农村金融研究，2012，（06）：25-29.

[74]高侯平，张青枝. 利率市场化与商业银行的风险防范[J]. 山西经济管理干部学院学报，2004，（02）：29-31.

[75]赵丹. 我国商业银行利率风险的度量与防范研究[D]. 郑州大学硕士论文，2013，（05）：1-28.

[76]李颖. 利率市场化条件下的利率风险及其压力测试[J]. 金融论坛，2012，（02）：43-48.

[77]刘申燕. 我国商业银行利率风险管理分析——以利率敏感性缺口管理为例[J]. 中国农业银行武汉培训学院学报，2005，（05）：29-31.

[78]姚远. 商业银行利率风险及其防范——基于2006～2010年7家上市银行数据的验证[J]. 金融论坛，2011，（11）：45-51.

[79]Frank. J. Fabozzi. Advances in Fixed Income valuation Modeling and Risk Management [M]. Frank Fabozzi Associates, 1997: 1-78.

[80]巴塞尔银行监管委员会. 信用风险管理原则（一）（2000年9月）[J]. 中国金融，2001（12）：49-50.

[81]牛淑珍，刘芳. 我国商业银行利率风险管理的现状及对策[J]. 特区经济，2006（11）：89-90.

[82]张崴，刘科文，张岚. 利率市场化对银行经营的影响及风险规避[J]. 北方经贸，2005（05）：84-85.

[83]赵金霞. 商业银行人民币理财产品市场风险管理研究[D]. 云南财经大学，2011.46-47.

[84]刘申燕. 我国商业银行利率风险管理分析——以利率敏感性缺口管理为例[J]. 中国农业银行武汉培训学院学报，2005（05）：29-31.

[85]卢燕平，史振华. 西部地区商业银行利率风险管理的外部制约因素

[J]. 重庆工商大学学报.西部论坛，2004（05）: 91-94.

[86]聂国庆. 利率市场化条件下我国商业银行利率风险管理研究[D]. 南京师范大学，2006.46-47.

[87]张远为. 保险公司利率风险测度技术[J]. 中外企业家，2013（09）: 51-53.

[88]Taylor，J.F. The Dynamics of Interest Rate Risk[J]. The Bankers Magazine，1991（9）:33-39.